JN106224

統治構造改革への提言

地方分権推進を求めて

［前久喜市長］
田中暄二

展転社

『統治構造改革への提言』に寄せて

埼玉県知事　大野元裕

私は田中喧二先生の謦咳に接するたびに、その高い識見と高潔な人格に強く惹きつけられております。先生は久喜市で生まれ育ち、御実家の家業拡大や久喜青年会議所理事長などの経験を積まれ、昭和62年に久喜市議会議員に、平成3年には埼玉県議会議員に就任されました。卓越した政治手腕と持ち前のリーダーシップから周囲の輿望を担って平成9年から30年まで久喜市長を務め上げられ、現在、久喜市名誉市民となられております。

一方で、政治家として一線を退かれた後も、平成国際大学大学院で地方自治を研究され修士学位を取得するなど、その学究心はとどまるところがありません。実践と理論を行き来しながらお考えを練り上げる先生の学問に対する真摯なお姿には、研究者でもある私から見ても畏敬の念がこみあげてくるのを禁じ得ません。

さて、早速今回の研究論文を拝見させていただきました。我が国の都市制度に関する先行研究を踏まえ、各種統計資料等を基に、行政マンにして研究者である高い見識を披露されておられます。特に、特別市、政令指定都市、大阪都構想等、地方自治体の権限とその影響を分析されておられますが、そこには、首長経験者としての知見をも盛り込まれています。これは一論文というレベルをはるかに超え、研究者にとどまらず多くの方々に読まれるべきものと受け止めました。

田中先生は県議会議員として、「大きく発展するためには埼玉県内の自治体の体質強化のために、全国に先駆けて埼玉県内の市町村合併を積極的に実施すべきである」と主張され、「埼玉県議会議場での初質問から約20年経過し、まさか自分自身が市町村合併の当事者たる久喜市長として合併を進める立場になるとは夢にも思わなかった」とされておられるが、合併の効用を何よりも強く信じておられました。特に、久喜市・菖蒲町・栗橋町・鷲宮町の合併過程を著わした章については、田中先生が取り組まれた「平成の合併」の課題が分かりやすく整理され、実際に1市3町の合併に踏み切った経緯・過程を、当事者でありながら冷静な分析を加えられております。それにとどまらず合併関係者の喜びや落胆、友情・励ましや齟齬などの複雑な感情の動きまで見事な筆致で表現されており、読む者をその時、その場に引き込むような迫真の内容となっています。これは実際に合併を成し遂げた基礎自治体の首長でなければ到底書き上げることのできない論考ではないでしょうか。

田中先生の「多くの方々と共に英知を結集し、周辺の複数の自治体との合併によって新たな素晴らしい都市を作り上げる」との強い思いは今も変わらず、県内自治体について「埼玉県内でそれまで合併について優柔不断の態度であった首長たち」と辛辣に評価しておられます。しかし何よりも、目標に向かって公正に結果を積み重ねていくという職業倫理に裏打ちされた市政運営の軌跡を目にいたしまして、同じく自治体首長として改めて心よりの敬意を表するものです。

埼玉県でも、あらゆる人に居場所があり、活躍でき、安心して暮らせる社会である「日本一暮らしやすい埼玉」の実現に向けワンチーム埼玉で県政運営に邁進してまいります。田中暄二先生におかれては今後もぜひ地方自治の研究を深めていただき、折に触れ研究成果や道州制も視野に入れた自治体の今後のあるべき姿について伺いたいと考えております。

最後に先生の今後ますますの御活躍と御健勝を祈念し、結びの言葉といたします。

知的探求心と行動力の結実

平成国際大学教授　浅野和生

埼玉県東部地区、首都圏ベッドタウンの久喜市が、鷲宮町、菖蒲町、栗橋町の周辺3町と合併して、今日の久喜市となったのは平成22（2010）年のことであった。本書の執筆者である田中暄二氏は、合併事業の序曲から終曲まで、一貫してその中心に位置していた。平成7（1995）年に地方分権一括法が制定されると、政府や各党の後押しがあって、久喜市と周囲のいくつかの市町は「平成の大合併」に加わろうとしたが、本文中に示された通り、当初の計画は1市3町ではなく、組み合わせも紆余曲折があり、その後の展開も一筋縄ではいかなかった。

久喜市、鷲宮町、幸手市で平成16（2004）年9月19日に2市1町合併の賛否を問う住民投票が行われたとき、幸手市で56％、鷲宮町で82％が合併賛成であったのに、中核を担うべき久喜市で反対が55％、半数を超えてこの合併は頓挫した。久喜市の否決による合併失敗という結果に直面して、久喜市長としての筆者の落胆、そして関係者への申し訳ないとの思いは、想像を絶するものだったに違いない。

しかし、郷里の将来への展望を開くために大きな挫折を乗り越え、筆者は新たに1市

3町の組み合わせにより、住民投票によらない手法を採用して、再び市町村合併に取り組んだ。この結果、平成22年3月22日、新・久喜市が誕生した。その後、新・久喜市の市長に就任した筆者は、2期8年の市長在任を通じて、15万都市としての久喜市の姿を描きだしてから退任した。

さて、戦後の日本では何度か、道州制の議論が高まりを見せては潰えてきた。中でも2000年から2006年には、政府の機関による積極的な取り組みと提言があって、現実政治の俎上に乗せられた。しかし、結局のところ具体的なステップへと進められることはなく、いつしか機運は薄れ、今日まで議論は塩漬け状態にある。

日本のあるべき地方自治の姿について検討する際、学術研究者は、地方・中央の行政についての経験と肌感覚がないまま、理念と他国との比較検討によって現状の変革を求める。他方、地方或いは中央政府の立場で地方自治と関わった政治家、官僚、首長・議員経験者は、現場の課題を知り、リアルな感性をもって議論を行うが、思い入れが強い分だけ主観的な議論に陥りがちで、広い視座や比較分析を等閑に付すきらいがある。そうした中で、本書は、十分な地方政治の現場経験を持ちながら、真摯に、かつ多くの時間を学術研究に費やしたうえで書き上げられた稀有な書である。

大学卒業後に東京と地元・久喜での、経済界における20年ほどの経験の後、久喜市議会議員、埼玉県議会議員を経て6期にわたって久喜市長を務め、地方政治家として30年を超える年輪を重ねた筆者は、その後に学術研究を志した。縁あって平成国際大学の大学院に在籍し、2019年4月から21年3月の2年間、修士課程で研究を進め『我が国の望ましい地方分権のあり方についての考察―英国・台湾を先行事例としての比較・研究から―』と題する修士論文を完成させた。さらに修士号取得後、大学院研究生として研究を続け、学術研究に携わって5年が経つ。この間には、学会での発表や学術誌への投稿もされている。以上のとおり、ベテランの地方政治家である筆者が、十分な学術研究の歳月を重ねたうえでまとめたのが本書である。

さて、著者は修士論文の作成にあたり、まず2000年以後に進められた県市の合併による6つの中央直轄市の成立によって、地方行政の構造を大きく変貌させた中華民国・台湾の事例を学んだ。また、1997年に成立した労働党・ブレア政権の下で大ロンドン市が再建され、さらにスコットランド議会、ウェールズ議会、北アイルランド議会を新設したイギリスの地方分権改革についても研究した。こうした近年の世界における大規模な地方分権の体制改革の事例を踏まえて、日本の道州制について検討したのが修士論文である。

修士号取得後は、ドイツの連邦制についても学ぶとともに、名古屋市と周辺自治体の広域行政交流の試みと、未完に終わった大阪都構想についても研究を進めた。
本書は、こうした国内外の地方自治の構造改革についての広範な研究と分析に基いて執筆されたものである。残念ながら、紙幅の都合でそのすべてを本書に掲載することはできなかったが、他方、筆者が精力を傾けて成し遂げた久喜市の合併の経過について、独立した章を設けて詳述された。

筆者の田中氏は、大学院に在籍して以来、一貫して積極的な知的好奇心と行動力を発揮してきた。論文作成の傍ら、学部のゼミ生とともに、コロナ禍の2021年には下関と萩を、2022年は石垣島と与那国島を訪れ、日本近代史の諸相と今日の日本の離島の現状を観察した。また、コロナ禍勃発直前の2020年1月には台湾を訪れ、台北市において最終盤の総統選挙の選挙キャンペーン、各候補者の大集会に足を運び、投票日には投票所で投票及び開票の様子をつぶさに視察した。さらに、コロナ禍がややおさまった2023年2月に再度台湾を訪れると、リニューアルした基隆港を見学するなど、コロナ禍の間の各界の変化を確認した。そして同年12月、4年ぶりの総統選挙と立法委員総選挙終盤戦の台湾に赴き、台北市、嘉義県、台南市、高雄市で選挙情勢を訪ね歩いた。去る2024年2月には、はるばるイギリスを訪ね、ロンドンからウィンザー、オックスフォードに足を延ばし、エリザベス2世が逝去してチャールズ3世に代替わりしたイギリス社会を見てきた。

これらの研修では、若い学部学生を基準として訪問先と日程を決めているため、1日に2万歩は普通で、2万5千歩を超えることも少なくなかったが、田中氏はその全行程に躊躇なく加わった。しかもその間、同行者すべてに目配りをされつつ、経験に基づく知見を披歴していただいたことで、これらの研修は学生にとっては掛け替えのない新発見の日々となった。

こうした探究心と行動力は、地方政治家としての田中氏が政治家として大きな足跡を残す原動力だっただろう。そして、そのエネルギーを学術研究に注いだ結果が、このたび世に問うことになった本書である。

縁あって修士論文の指導にあたる機会を得たことで、その活力・行動力とともに、筆者の経験知と学術探求心、研究への情熱に接することができたことを、たいへん光栄に思っている。今後のさらなるご活躍を祈念するしだいである。

目次

第二章　政令指定都市と大都市制度

第三章　大阪都構想と大都市

第四章　『令和2年国勢調査』から都市を考える

第五章　久喜市・菖蒲町・栗橋町・鷲宮町の合併

装幀　古村奈々 + Zapping Studio

序

明治新政府は1888（明治21）年に市町村制度を、1890（明治23）年には府県制度を定め、官僚制度によって地方を統治する中央集権国家体制を作り上げた。「富国強兵」「殖産興業」をスローガンとして、西欧列強諸国に追いつけ・追い越せと、現在に続く近代的国家のスタートを切ったのである。その後我が国は明治、大正、昭和、平成を経て令和に至ったが、この間日清、日露、第二次世界大戦の戦争を経験した。大戦期を除けば2008（平成20）年まで我が国の人口は増え続け、国民の所得は増え続け、国家や都道府県、市町村自治体の税収は増え続けたのである。我が国は第二次世界大戦の敗戦から官民ともに力を合わせ学び、よく働いた。昭和40年代、昭和50年代、昭和60代には驚異的な経済発展により米国を中心とした諸外国からジャパン・バッシングと言われるほどの経済状況であったが、平成時代に入ると景気停滞が続き日本の経済浮揚を図る意味で日本経済の背中を押す必要からジャパン・プッシングが叫ばれた。令和時代の現在ではジャパン・ナッシングとさえ揶揄される程の日本経済の長い低迷が続いている。

1968（昭和43）年には米国に次ぎGNPが世界第2位となり、我が国は世界の経済大国に数えられるようになり国民の自信と誇りに繋がった。1980（昭和55）年には我が国の4輪自動車の生産台数は1100万台と世界第1位となり、1988（昭和63）年には半導体生産額が世界市場の50％を占めるに至った。バブル経済の真っ盛りの1986年～1997年には1人あたりGDPは米国を上回る勢いであった。かくして1993年のGDPは世界の2割程度を占め、1995年4月には1ドル79・75円を記録している。しかし2008（平成20）年、米国発のリーマンショックは世界経済に大きな影響を及ぼし我が国は経済の立ち直しができず今日に至っている。2010年には東日本大震災、福島原発事故等が発生し景気低迷に拍車が掛かり、GDPは驚異的な経済発展を成し遂げた中華人民共和国に抜かれ、2023（令和5）年にはドイツにも抜かれ、数年後にはインドにもGDPで後塵を拝すことが懸念される状況にある。かつての我が国の経済大国は今や昔話である。

国内の統治制度については明治政府によって国―都道府県―市町村の2層制が確立されて以来、一時期市町村においては3層制の時期があったが明治、昭和、平成と3回の全国的な市町村合併を経て、1888（明治21）年に7万1314あった自治体数は2010（平成22）年3月31日には1730自治体となった。実に97・6％の削減率である。一方で47都道府県体制は明治時代に府県制が確立されて以来、都道府県は戦前は国の出先機関との位置付けから戦後は広域自治体となり、知事は公選となり公選議員による議会が設置されたが、47都道府県体制は依然として今日まで変わっていない。現在47都道府県の中で人口最大は東京都の1404万人であり人口最少は鳥取県の55万人である。近年の我が国の少子高齢化の進行する中、人口が100万人未満の県は10県に及び47都道府県間の人口格差、経済格差は開く一方である。

政令指定都市は1956（昭和31）年に戦前からの府県と大都市との対立を収める目的で5大都市がスタートし、「平成の合併」を経て現在は20市を数える。20の政令指定都市中人口が200万人を超す自治体は横浜市、大阪市、名古屋市の3市だが、47都道府県の中で3市の人口規模は中位程度のレベルにある。そして人口973万人の特別区の集合体としての東京都23区エリアがある。政令指定都市20市の中で人口100万人超は8市であるが、県の中心都市である指定都市でさえ人口減少が進み、人口100万人未満市は9市を数える。

少子高齢化が益々進行する中、低迷する経済情勢等の影響を受けて行政に係る諸課題が山積しているが、筆者はかつての輝かしい日本を取り戻し国際社会において名誉ある地位を回復すべきと考え、そのためには広域自治体としての47都道府県、20政令指定都市、一般市、町村の統治構造を改革する必要があると考える。明治時代の府県制確立以来の大改革を断行すべきである。

既存の研究としては①横道清隆『日本における道州制の導入論議』自治体国際化協会2008年②江口克彦監修『地域主権型道州制』PHP研究所2010年③西尾勝『地方分権改革』東京大学出版会2007等があるが、本書では総務省報道資料『平成の合併』についての公表2010年（平成22年3月5日）、総務省統計局『令和2年国勢調査』（令和4年7月22日）等を手掛かりに検討を進めた。第一章「平成の合併」から見えてくるもの、第二章　政令指定都市と大都市制度、第三章　大阪都構想と大都市、第四章『令和2年の国勢調査』から都市を考える、第五章　久喜市・菖蒲町・栗橋町・鷲宮町の合併、である。

我が国においては1993（平成5）年に政治改革を掲げた細川連立内閣の誕生以降に地方分権改革が大きく動き出した。第一次分権改革、三位一体改革、第二次分権改革の流れの中で、近年は残念ながら中央の政権交代等を挟み地方分権改革の議論が萎んでいるように思う。少子化、高齢化がますます進行する中で停滞する我が国の経済、相変わらずの東京への一極集中、そしてGDPの伸び悩み。中国、インド、一部のアフリカ新興国等の驚異的な経済発展があり、我が国が現行の統治制度を続けていたら、日本国はじり貧の道をたどるばかりではないか。今や「平成の合併」を経て府県に並ぶべき行政力を備えた大都市を我が国の内政だけに留めず世界に雄飛できるように、地方分権の大きな流れの中で47都道府県を9道州に再編し、日本の経済発展のエンジン部門を4大都市が担い得るような統治制度への大転換、即ち大都市の役割分担の大改革を図るべきではないか。

筆者は久喜市議会議員、埼玉県議会議員、久喜市長、埼玉県市長会長を務めさせて頂いた。本書は筆者の31年余に及ぶ地方政治一筋の汗と涙と喜び等の中から生まれた実体験から発する我が国の地方自治発展、日本国の更なる飛躍のための提案である。

第一章　「平成の合併」から見えてくるもの

1　はじめに

平成11（1999）年に地方分権一括法が成立したことにより、政府は少子高齢社会における基礎自治体の行財政基盤の確立のために「平成の合併」を推進した。我が国の全国的な市町村合併としては、近代的な統治制度を確立するための「明治の合併」と第二次世界大戦の敗戦から民主国家建設のための「昭和の合併」があるが、先の2つの市町村合併と違い「平成の合併」は市町村の自主的な合併を建前にしたが、合併を促進するために国は手厚い財政措置等を制度化した。合併特例債の創設や合併算定替え、人口3万人市特例、議員の在任特例、地方税の不均一課税等である。これらの「アメ」が市町村合併に戸惑う全国の市町村長たちに対して、政府は「平成の合併」を本気でやろうとしていると印象づけることに成功した。先ずは〝政府側の勝ち〟であった。全国の市町村長たちは時の小泉政権が提唱した「ムチ」と言われた「三位一体改革」の中で、特に地方交付税の削減等の強権的な政策の実施に怯えながらも、これでもか、というような様々のアメ政策が、合併に躊躇する全国の多くの市町村長の背中を合併実現へと押したのである。全国の市町村長たちは「ムチ」を恐れ、時には批判しながらも近隣の市町村長たちはお互いに顔色を窺いながら市町村合併に向けて奔走した。

かくして、平成11（1999）年3月31日に3232あった全国の市町村数は「平成の合併」の期限切れとなる平成22（2010）年3月31日には1730自治体となった。46・5％の市町数の減少率であった。この数値は驚くべき数字と筆者は考える。本音を言えば「平成の合併」は政府が考えていた以上の成果であったはず、と筆者は考える。「平成の合併」の全国的な結果を見ると西高東低であり、47都道府県において決して平均的に合併が推進されたわけではなかった。西日本や日本海側の地域では、それ以外の地域の自治体より合併が成就した市町村が多かったのである。

それはなぜか。47都道府県別の合併の結果を見ると随分と府県別で結果に差があることがわかる。我が国において少子高齢化が急速に進む中で、近未来においての財政面での危機感を強く持っていた首長が、首都東京から遠隔地にある西日本や日本海側の自治体に多かったためと思われる。

国家公務員を経験したキャリアと言われる知事が務める県においては市町村合併がより推進された傾向にあると言える。政府は「平成の合併」は地方自治体の自主的な判断が求められると言ったが、47人の知事の「平成の合併」についての考え方の違いが、47都道府県の「平成の合併」の結果の大きな相違の一つの要因であるように筆者は考える。

本小論では平成22（2010）年3月に総務省が公表した「『平成の合併』について」

を手掛かりに合併後約10年を経た現時点で「平成の合併」を総括する。

今後更に我が国が発展し、全国の自治体で住民が安心して豊かに生活するためには行政の国内における統治制度をどのように再編し変革したらいいか。

「平成の合併」が終了し概ね10年が経過した今、地方自治行政の中で明らかになった問題点は一体何か。それら問題点の解決は現在の地方統治制度の中でできるのか。今の制度のままで住民の安心と豊かな生活を確保・創造できるのか。これからの我が国の発展、地方自治の振興のために今、決断しなければならない制度改革とは何か。

10年前の「平成の合併」とは何だったのかを検証しながら、今後の望ましい我が国の国内の統治制度を考える。

2　平成の合併の目的

(1) 少子高齢社会への対応

「平成の合併」の大きな目的はなかなか歯止めが掛からない我が国の少子高齢社会において、行政が適切に対応するための自治体自身による改革のための手段である。

少子高齢化の進行は先進国と言われる国家においては大きな悩みであり、どちらの国においてもその対策が国家政策の一つとなっている。少子化対策についてはフランスが対策に成功した事例として紹介される事が多い。フランスにおいては１９７２年に正規のカップル以外から生まれた子どもたちも正規のカップルから誕生した子どもと同様に扱う事が法制化されてから、合計特殊出生率の改善に成功した例として報告されている。フランスの合計特殊出生率は２０１４年２・０、２０１７年１・88、２０２０年１・83、２０２１年１・84であった。しかし我が国や台湾・韓国・中国等の東アジアの諸国においては、フランスとは異なる家族・家庭に対する考え方や相続についての考え方の相違と言った問題等があり、我が国においては社会全体としてはフランスの事例を即日本でも、とまでの理解には至っていない現実があると筆者は考える。

我が国では、子どもたちを〝社会全体の宝〟と、とらえて、乳幼児に対する各種行政サービス、小中学生に対する子育て支援策を実施し、高校生や大学生に対しても教育的支援策等の事業については、近年全国の自治体は競うように充実して来ているが、にも拘わらず合計特殊出生率が伸びる結果には至っていない。誠に残念であり憂慮すべき状況にある。ましてや現在、男女ともに高学歴社会になり、女性の社会進出はかつてとは比較にならないくらいに顕著である。意欲ある女性の社会進出自体は素晴らしい事ではあるが、しかしその反面男女共に晩婚化の傾向にある。

合計特殊出生率は2・08を下回るとその国家・地域の人口は減少すると言われるが、近年の米国1・66、英国1・56、ドイツ1・58、カナダ1・43、シンガポール1・05、中国1・16、韓国0・81等の中で我が国の直近の合計特殊出生率は1・26人である（読売新聞2023年6月3日朝刊）。我が国において労働人口は減少を続けピークであった時代より1000万人程度は減少したといわれる。やむなく国は近年諸外国からの労働者を受け入れて我が国の労働者不足に対応してきたが、当面の労働者不足の対応には多少は役立ったとしても、国内の各産業においての相変わらずの労働者不足の現状についての報道が連日のように新聞等のマスコミの紙面を賑わせている。外国人労働者の受け入れは重要課題として今後とも我が国は直面せざるを得ない問題であろう。西欧先進諸国は第二次世界大戦の終戦後以降、労働者不足から外国人労働者を受け入れてきたが、その後外国人労働者が2世、3世の時代に移り、移民先の言葉しか理解できない世代が社会人となる中、西欧先進諸国内の治安の不安定さが報道されているが、西欧先進国がこれまで歩んできた苦悩の歴史を日本も同じように歩いて行くのだろうか。決してそんなことがあってはならないと筆者は考える。現在我が国の外国人労働者の受け入れはあくまで期限付き労働者としての受け入れではあるが、事実上の移民の受け入れに繋がるとの懸念の意見もあり、単なる期限付き労働者としての受け入れだけの問題ではないとする意見は正当であろう。

高齢者対策について我が国の社会保障制度は介護保険制度、後期高齢者医療制度など様々な高齢者向け高齢者福祉制度の充実が図られてきた。我が国のこの分野の行政レベルは今や世界の先進レベルと比しても決して見劣りしないレベルにあると筆者は考える。高齢者介護の我が国の現場のレベルは世界をリードしている、と言っても過言ではない。我が国は近年の高度医療のレベルアップ、国民皆保険制度等の様々な制度改善等の環境整備の充実を要因として、世界的にみても平均寿命の延びは著しく、我が国の高齢者対策事業は世界のトップレベルにあると筆者は考える。毎年敬老の日には全国の１００歳以上の方々の人数等のニュースがマスコミで紹介されるが、久喜市は２０２０年は１００歳超は61人であった。久喜市において１００歳超の方は近い将来１００人を超すと考えられる。厚生労働省の発表では日本国全体の１００歳超の人口は９万人を超えた（令和４年９月現在）との事。誠にご同慶の至りである。そのような中、久喜市おいては全国的にも珍しいと言われる４年制の高齢者向けの学習制度である高齢者大学があり、その他市民大学及び市民大学・大学院などの豊富な学習機会の提供があり、意欲ある高齢者が充実した生活を送るにあたりメニューには事欠かない。全国的にも久喜市が生涯学習都市としての評価が高い所以である。

年金、医療、介護等我が国の社会保障給付費総額は年額120兆円を超えるに至った。諸外国では例を見ない国民皆保険制度。いつでも、だれでも、どこに住んでいても、自分が体調を崩したときに罹りたい医療機関を自由に選べるのは日本だけであるが、結果我が国の国民医療費は全体で45兆円を上回る状況にある（厚労省令和5年度公表）。健康で長生きは誰しもの願いであるが、その実現のためには自治体において適切な医療に関わる人材の配置と財源の配分は不可欠である。

少子高齢者対策を様々な市民要望に応えながら充実していくためには時代に合わせたマンパワーの充実、財政面の更なる強化は必要不可欠である。

「平成の合併」について全国の自治体の首長たちが熱心に取り組んだ理由は、今後の更なる少子高齢時代にあたり各自治体において将来的に各種事業がこれまでと同じように継続的に実施できるのかといった見通しの不透明さと、その対応に要するマンパワーの育成、それに対する将来的な自治体の財政的な危機感や不安感が首長を合併に向けさせた、と筆者は考える。

(2) 専門職員の配置など住民サービスの提供体制の充実強化

市町村の業務の中で昭和30年代～60年代までに住民要望の多かった事業は、道路新設・

補修工事関連や上下水道の整備、小中学校の施設整備、橋梁工事等の社会基盤整備関連の予算であった。久喜市を例に挙げれば、当時の久喜市民は周辺の自治体や親戚・友人宅に自家用車で行くにも狭隘な未舗装道路を利用せねばならなかったが、車社会時代の到来とともに市民生活の安全性、快適性の確保のために新設道路の建設・道路補修工事は喫緊の重要事業となり、土木関連予算が毎年の予算編成でトップクラスの事業となったのである。当時は戦後まもなく誕生した子どもたちの第一次、第二次ベビーブーム時代でもあり、小中学校の新設・増設、体育館、学校プール等の建設は不可欠であり、学校関連施設予算が毎年の予算編成の中で多くを占めていた。しかし平成時代になると一転して少子高齢社会への適切な対応が行政に求められるようになった。

我が国の総人口が1億人に達したのは昭和41（1966）年であり、この時の高齢化率は7％程度であり、昭和43（1968）年にはGDPが米国に次ぎ世界で2番目となった時代である。当時我が国は経済の高度成長が続いており、あまりの日本経済の強さに手を焼いた米国を中心とした諸外国から〝ジャパン・バッシング〟の声が世界中に舞い上がった時代であった。しかし1990年代の半ば以降は一転して経済の低成長が30年余続いているのである。このまま少子化傾向が続くと2053年には我が国の人口は1億人を切るという。その時の高齢化率は40％に近いと予想されている。同じ人口1億人であっても昭和41（1966）年には高齢者は約700万人、しかし2053年には高齢者人口が4000万人に近いとすれば、日本は一体どんな社会になっているだろうか。

このような我が国の少子高齢社会の現状から、近年の多くの地方自治体の予算は高齢者向けの事業を含む福祉関連予算がトップの項目となっている。久喜市を例にすれば令和5年度歳入歳出一般会計予算において歳出合計524億6400万円中、主として福祉関連予算の総合計である民生費予算は227億1310万円（43・3％）で、項目・款の最大の金額である。今後高齢化が更に進行し高齢者が増加すれば、久喜市予算の中、福祉関連予算が半分超になるのはそんなに遠い先の話ではないだろう。因みに土木予算は49億9785（9・5％）万円、教育費は46億7708（8・9％）万円である。久喜市の昭和時代の予算書を見ると時代の流れ・変化をつくづく感じる。政府においても自治体においても現場の状況を正確に把握して適切な業務・事業を執行しなければ市民・国民からの信頼を得られないことになる。

このように福祉関連予算が自治体において最大の事業である高齢時代となった現在、市民が行政に求める行政サービスは一昔前に比して専門化、高度化、細分化して来ている。一例をあげれば〝障がい者施策〟といっても、知的障がい、身体障がい、精神障がい等々、地方自治体の担う業務は細分化されるようになり、しかも事業の性格上障がいの程度に合わせて対象者にはマンツーマン的なきめ細かな対応が求められる。対象者を一括りするような、一律的な行政サービスでは対象者の満足感や評価は到底得られない。このような中、対象者に満足していただけるような行政サービスを提供してゆくには、市役所において専門的な知識や豊富な経験を持つ職員の配置が不可欠な時代となった。市役所職員は一人一人が担当業務の専門家でなくてはならない時代になったのである。小規模な自治体では職員数が限られているため、一人の職員が多くの福祉事業や業務上異なる性質の事業を担当せざるを得ない。これでは対象者も満足な行政サービスを受けることができず、結局担当行政サービスの提供者たる職員、行政サービスの受給者、双方にとって不満足な行政サービスの結果となってしまう可能性が高い。

幅広い行政分野を抱える市役所の中で何でも知っている職員はもちろん大切だが、特定の分野・業務の事なら何でも対応できる、誰にも負けない、といった専門的な知見・経験を持つ職員は極めて重要である。

少子高齢化がますます進行する中、小規模自治体では住民・市民に満足していただけるような福祉サービスを提供する事は難しいと言わざるを得ない。そもそも少人数の職員数の小規模自治体では専門職の自治体職員の養成・配置は不可能である。従って専門職員の配置ができないような小規模の自治体では、市民の理解も信頼も得られないことになる。筆者が47都道府県を解体して道州制導入を主張する大きな理由がここにある。

加えて人口1万人以下の小規模自治体をどうするか。財政的にも、専門職員の配置の上でも自立・自律的な行政の執行は難しいと思われる人口1万人以下の自治体を国家のガバナンスとしてどう位置付けるか、政府が抱える大きな行政課題である。

専門職員とは医師、薬剤師、歯科医師、栄養士、保健師、看護師、土木技師、建築技師、司書、社会労務士等であり、部門別では乳幼児・子育て・保健・教育・環境・危機管理・生活支援・消防・防災・災害・警察・人権・疾病等々であるが、今後は住民から更なる新たな専門職に対しての要望、行政需要も出てくるのではないか。

(3) 広域的な街づくり

昭和30年代以降の我が国の経済発展については、当時貿易摩擦が日米の大きな政治課題になった程であった。このような中、住民の移動手段が徒歩・自転車から自動車に代わり日常生活が周辺自治体にまで行動範囲が広がっていったのはごく自然なことであった。久喜市を例に取れば、平成時代になると久喜市の行政施設である久喜総合文化会館や、市民プール、久喜市立図書館などの行政施設を近隣自治体の住民が恒常的に利用するようになった。この事は久喜市が持つ行政力・都市力が周辺の自治体にまで拡大しているとの証左である。いわゆるスピルオーバー効果である。更に行政の垣根を越えて近隣の自治体の民間団体と合同で久喜市の民間団体が様々な文化活動を久喜総合文化会館で実施したり、同じく近隣自治体のスポーツ団体が久喜市のスポーツ団体と合同で各種大会を久喜市運動公園で実施する、といった事が恒常的・定期的に実施されるようになった。このように市民・市民団体の日常生活の行動範囲が行政境を超える拡がりを見せる事が顕著になった事から、自治体自身による変革が求められるに至ったのである。

自治体が抱える事業の中で特に防災・環境問題のような事業については自治体が単独で事業実施するよりもむしろ、複数の自治体が共同で実施する事により効率の良い、より高いレベルの事業実施が可能となる。具体的に言えば消防行政やゴミ処理行政、水防行政などはその最たるものであろう。かつては想定外であったような自然の激甚災害が日本列島で毎年のように発災している状況にあり、住民の安全安心への関心はかつて無かった程の高まりを見せている。規模の大きな自然災害等は、その被害が一つの自治体の領域を超えた複数の自治体へ及ぶ事が容易に想定されるため、自治体単独での対応よりも複数の自治体が共同でこのような事業に取り組んだ方が高いレベルの事業を迅速に事業実施でき、しかも財政的にも効率的な運営が期待し得るのである。領域内で頻繁に発生する事ではないと言っても、高層ビルへの消火や人命の救助活動を適切に実施するためには、自治体にとって高度の機器材の配置は不可欠となった。また高度の機器材を配置する事によって住民の行政に対する信頼感を確保する事ができ、伴って行政事業への住民の様々な協力を期待し得るのである。

ゴミ処理行政についても然りである。かつてはダイオキシン問題等によって、ゴミ処理施設周辺の住民への住環境への悪化が報道され、大きな住民運動となり全国的な話題になった時代があった。現在ゴミ処理機器材の技術的な改良等も進んだが、本来迷惑施設であるゴミ処理施設の建設・運営を周辺の住民に正しく理解してもらうには、それなりのごみ処理に関しての高度の機器材を現場に設置することは行政として当然の事である。時代を切り開くような先進的な高度の防火・消火のための機器材の設置、迅速・確実な人命の救助活動やゴミ処理施設の整備のためには相応の予算が必要不可欠である。

近年の傾向として住民は自分が暮らしたい自治体を選択するにあたり、単に交通の利便性だけで選択するのでなく、自治体の行政サービス全体の程度によって暮らす街を選択する時代になった。即ち、子育て支援策の行政サービスが全国・県内においてどの程度の行政レベルにあるか。あるいは、学校施設の充実度は如何か。あるいは、高齢者に対する優しい施策をどの程度自治体が住民に用意してあるのか、等々である。

このような事から久喜市民から周辺の自治体との市町村合併によって久喜市は自治体としての財政規模・領域等を拡大し、職員の資質レベルの高度化を進め更なる高次都市を目指すべし、との声が高まってきたのは当然の要望であると筆者は感じた。

（4）適正な職員の配置や公共施設の統廃合など行財政の効率化

住民が目に見える形で合併効果が理解できるのは職員等への人件費の削減である。久喜市を例にとれば久喜市、菖蒲町、栗橋町、鷲宮町の1市3町が一つの自治体になった事により4人の首長が1人になった。副市長・副町長4人が1人の副市長になり、教育長4人が1人になった。4つの市・町議会議員合計60人の議会議員が27人になった。4人いた議長は1人となり副議長4人が1人になった。同様に4議会の常任委員長のポストが1／4になったのである。全国の議会の中には合併後新市が誕生しても、議員特例を採用し合併前の全議員が議員選挙を経ることなく任期を1年延長して、新自治体の議員としてとどまったために議場が狭くて議会が本来の議場で開催できず、やむなく体育館等で議会を開催した事例があった。議会の事情もそれぞれではあるが、そのような中新久喜市が誕生した陰には適切な決断をして頂いた久喜市・菖蒲町・栗橋町・鷲宮町の議会議員には心からの感謝を申し上げたい。久喜市は新設合併方式を採用したため、合併前の4自治体は法的には一度消滅し新しく久喜市が誕生したのであった。合併前の1市3町の議会議員は新市が誕生と同時に全議員が身分を失効したのである。つまり1市3町の議会議員の多くは合併後の新久喜市の議場・議席に一度も座ることなく勇退したのである。合併前の自治体の市町長・副市町長・教育長の特別職の失職に合わせて市町議会議員も全員が失職したのである。このように法で認められていた在任特例を活用しなかった旧4自治体の市町議員の見識は評価されていい。

久喜市職員労働組合にも市町村合併を理解してもらい、合併時1040人の久喜市職員は令和2年4月1日には905人となり135人の削減であった。4つの自治体が合併したのであるから基本的には組織的に重複する部課がある。例えば秘書課、企画、議会事務局等の総務部関係を中心に職員数の削減に努め、合併後15万人超の新市の人口規模に相応しい市役所職員配置計画を進めていった。この結果、人件費の削減は10年間で目標の32億円削減を大幅に上回り、68億円に達したのである(『久喜市合併検証報告書』令和2年10月)。合併後数年後には総務部門を中心として本庁舎に職員を集中させた。この事については菖蒲・栗橋・鷲宮の3支所の住民から支所勤務の職員が少なくなって寂しい、との苦情を時々頂いたが、そもそもの合併の目的を考えた時に久喜市程度の行政面積(82㎢)であれば市民の行政サービスの利便性には特に問題はないと筆者(久喜市長)

は判断し、久喜市の組織的な人員配置の改編を数年かけて実施したのである。

4の自治体が合併してできた新久喜市であるから多くの行政施設があるが、それらの多くは経済が右肩上がりの時代で人口が急増期であった昭和30年度から昭和60年度に建設された施設であるため、全国の自治体と同様に久喜市においても施設建築後、相当程度の年限が経過しており、建て替えを必要とする施設が多かった。しかし久喜市も全国の多くの市町村同様に残念ながら人口減少の傾向あるのだから、施設が老朽化したからと言ってそれぞれの地域に同じような行政目的の施設を建設するような事は決して行わず、地域性を考慮しながらも適切な行政施設の配置をしていくべきである。行政施設の統合や廃止も勇気を持って実行してゆかねばならない。

小学校、中学校の配置については「昭和の合併」時の影響で、比較的に至近距離にありながらも重複するような配置となっている事例が久喜市内にもあることから、地元住民の理解を頂いたうえで適切な小学校、中学校の配置を心掛けるべきである。小学校、中学校の中には廃校・統合との決断を要する学校がある。小学校、中学校が小規模であると9年間クラス替えのチャンスがない場合があるが、そのようなことになったら教育的にも問題を残すことになってしまう。クラス＝学年全体が仲良しクラブのような雰囲気になってしまう恐れがあり得ると筆者は考える。9年間の義務教育の中では適宜適切なクラス替え・担任の教員替えは重要である。児童生徒たちは仲間たちとの友情を育む中で、健全な競争意識、緊張感を持ち、切磋琢磨を忘れない、向上心の育成等に繋がるための環境整備は、児童・生徒の周りにいる行政・教育関係者・地域の責任である。学校の統合・廃止によって小学校、中学校の跡地は比較的に広い敷地が残ることになるので、地域の方々の意見を聞きながらも社会・学校教育的な跡地・建物としての施設の再利用ができることが望ましいのではないか。何と言っても今日まで長い期間に亘り小中学校の教育施設は地域の中心的な行政施設で在り続けて来たのだから。

　学校関係施設以外にも多くの行政施設が更新時期を迎えている。久喜市全体の類似の公共施設の配置を勘案して廃止すべき施設は思い切って廃止するといった考えが必要ではないか。そのような中、更新すべき施設も場合によっては出て来るであろう。要はメリハリの利いた近未来の施設計画を市民の前に提示し、市民合意を得る努力を行政側は惜しんではならない。

　行政関係者にとっては新久喜市が誕生した平成22（２０１０）年3月23日が苦労の結果、ようやく1市3町の枠組みで市町村合併が成就した記念日・到達点ではあるが、新久喜市民にとっては記念日であるその日が新久喜市の始まりの日である。つまり新久喜市民にとって新久喜市のスタートの日は4の旧自治体を改めて思い出させる日なのである。４の自治体は住民の気持ちの中では廃止していないし、むしろ４の旧自治体の課題は合併後10年を経た現在、より表面化・顕在化してくることがあると思われる。従って久喜市の行政関係者は今まで以上に真摯に市民の苦情や要望に耳を傾けることが大切である。久喜市民に「合併して良かった」と言って頂くには10年はまだまだ短期間であり、これからの行政関係者の誠実・丁寧な市民への対応に期待したい。

総務省の「『平成の合併』の公表」に依れば、全国では市町村の三役・議会議員が約２１０００人減少し年間約１２００億円の歳出削減が図れる見込みであり、併せて概ね合併後10年経過以降においては自治体職員、議員等の人件費等の削減等により、年間約１兆８０００億円の財政の効率化が図られるとの事である。

3　「平成の合併」の特徴

「明治の合併」では近代的地方自治行政を実現するための社会基盤整備を行うことを目的として小学校や戸籍の事務処理を行うため、戸数３００〜５００戸を標準として進められた。その結果明治21（１９８８）年に7万１３１４あった市町村数が、翌明治22年には1万５８５９（減少率78％）と大きく減少した。

1年でこれだけの自治体の削減・整理ができたという事は明治新政府の主導であること、明治新政府の並々ならぬ新・日本国建設への意欲があったればこそ、であろうか。明治新政府は国家建設の方針を迅速に正確に全国の自治体及び国民に伝えたい・理解を求めたい、との気持ちが強くあったに相違ない。

「昭和の合併」は第二次世界大戦の敗戦から民主主義国家としての地方自治、特に市町村の役割を強化する必要から、中学校1校を効率的に設置管理していくため、基礎自治体あたり人口規模8000人を標準として進められた。その結果、昭和28（1953）年に9868あった市町村は昭和36（1961）年には3472と約1/3となった。第二次世界大戦後間もなくの全国的な市町村合併であったが、まだ農村地域が今とは違って大きな力を持っていたことが、当時の久喜町議会における議員のやり取りから伺える。久喜市及び周辺の自治体の当時の状況からは活発な農業活動を背景にして、農村地域の住民が合併に反対している傾向がある。当時の農村地域は相応の人口を抱えて、それなりの政治力があった事を彷彿させる。

その後我が国は第二次世界大戦・敗戦の廃墟の中から、国民は勤勉に大いに働き、高度経済成長を経て国民生活は質・量ともに大きく変容し成熟社会となっていったが、「昭和の合併」後、約40年近くにわたり市町村数が大きく変わることはなかった。経済がうまく回り市民生活が安定・豊かになってくると市町村合併のような大きな行政における統治構造改革の話は出ないのであろうか。明治、昭和の合併を見るまでもなく「市町村合併」は自由な、自発的な自治体同士の合併といっても、政府の主導なくしてはなかなかその実現は難しい。

「昭和の合併」以降、我が国は世界から驚異的と言われる経済成長を成し遂げ、国民の生活様式や意識が多様化した。農業者数が大きく減少し、鉄道網・道路網の拡大・延長・充実によって久喜市においても勤務先として、それまで遠く感じていた東京都までが勤務地・通学地として抵抗なく市民に受け入れられていく。昭和40年代には国、埼玉県によりそれまでは久喜市に無かった高層住宅が市内に数多く建築されたが、その入居者の多くは久喜市外に勤務地を求めたのである。

情報の伝達の手段やスピードも大きく変わった。地域においては〝隣組〟といわれる地域での支えあいの機能や、家族・親戚の連帯意識、地域コミュニティ意識が大きく変容し、それまで公共サービスの一翼を担っていた地域力が低下した結果、その分、市町村自治体の負担が増大した。当時は固定資産税は納税組合を通じて地域が自治体に代わって徴収していたのだ。この間大都市への人口集中が進んだが、その多くは雇用機会を求めて地方の若者の都市部への人口の流入であった。特に地方の農村地域からの首都圏への若年労働者は〝金の卵〟ともてはやされ、我が国の経済の高度成長を下支えする貴重な戦力とされたが、その後数十年経て、今更故郷には帰れない一人暮らしの高齢者、肩を寄せ合いひっそりと2人だけで暮らす高齢者夫婦等、付随する貧困問題等の大都市特有の問題が提起され問題視されるに至った。

我が国の総人口は平成16（2004）年12月をピーク（1億2783万8000人）に減少に転じ、2030年には2005（平成17）年に比べ10％減少、2050年には26％減少することが予想されている。

また生産年齢人口（15～64歳）は2005（平成17）年に比べ、2030年には20％減少、2050年には42％減少すると予想されている。年少人口（14歳以下）は年々減少し、2005（平成17）年に比べ2050年には53％減少することが予想されている。一方老年人口（65歳以上）の割合は年々高まり2005（平成17）年の20％が、2050年には40％に達すると予想されている（総務省「『平成の合併』の公表」より）。以上のような状況を背景にして「平成の合併」では特に〝地方分権〟が声高に叫ばれている中、その主たる担い手である市町村が政府からの分権の受け皿となるべく、行財政基盤を確立する事を目的として平成11（1999）年から全国的に市町村合併が行われ、平成22（2010）年3月に終結した。

そもそも当時の市町村長の意識の中には「地方分権」を推進するために「平成の合併」に取り組む首長はそんなには多くはなかったはずと筆者は考える。「平成の合併」の結果３２３２自治体が１７３０の自治体になったという事は、当時１５００人余以上の首長が合併を機に引退せざるを得なかったわけである。中には後ろ髪を引かれる思いで引退した首長もいたはずであるが、この首長の気持ちの中には偏に自治体の末永い発展と住民の永久の幸せを願う強い気持ちと、近未来の望ましい地方自治に対しての高い見識があって、初めて市町村合併が成就したのである。政府による三位一体改革や少子高齢化に起因する様々な政策要望が政府側から自治体側へあり、それらを勘案すると将来の自治体の財政的な不安・懸念は全国の首長に相当程度強かったのだと考える。その不安・懸念が合併を躊躇する首長たちの背中を押して「平成の合併」に向かわせたのだと筆者は考える。

国から地方自治体への地方交付税はそもそも教育や福祉等、ナショナルミニマムを維持するための各種行政サービス、国土保全を担っている地域を支える財源保障機能、地域間の歳入格差を調整する財源調整機能等を併せ持つ地方固有の財源である。そのような状況であったからこそ、首長たちは将来の自治体の財政的な健全化を求めて「平成の合併」に真摯にひたむきに取り組んだと考える。「平成の合併」の主たる目的が「地方分権」

にある、との考えは多くの首長たちにとってはあくまで後付けであった、と筆者は考える。

当時の多くの首長たちは「市町村合併の完遂」に向けて、ひた走りに走っていた。自らの自治体が何とか生き残るために必死に合併の枠組みを考えていた。特に人口小規模の自治体の首長の中には、如何にして自分の自治体が歴史から取り残される事なく生き残る事ができるか、合併後の新しい自治体の中に小さくとも良いから如何に自分の自治体の存在感を残すか、という難題に取り組んでいたはずである。その難題の解答の一つが、新しい都市名の中に合併前の自治体名を一部であっても残すこと事であった。そして多くの住民がそれらの事を望んでいるように首長は感じてしまったのである。だから、中には合併後の新市名にこだわったあまりに、ひらがな、カタカナの新市名や旧自治体の名前を1字づつとった第三者から見ると不思議な新市名になった例もあった。その結果、全国的には歴史的に由緒ある自治体名が消えてしまった市町村合併もあったために、新市名が批判的に言われたこともあった。歴史的な自治体名を残すために合併の必要性は認識しながらも、ついに合併に参加しなかった小規模自治体さえあったのである。合併後の新市名について批判的に論ずるのは簡単ではあるが、市町村合併とは以上のようにそれぞれの立場で命がけの攻防があったのだ。

「平成の合併」について、国は全国の市町村の自主的な合併を建前とし、そのために合併しやすいように様々な支援策を実施した。具体的には市町村の合併の特例に関する法律（「旧合併特例法」）に基づき、平成11（1999）年から平成17（2005）年3月31日までは、合併特例債や合併算定替の大幅な延長といった手厚い財政支援措置により、また平成17年（2005）4月1日以降は市町村の合併の特例等に関する法律（「現行合併特例法」）に基づく国・都道府県の積極的な関与により推進されてきた。

「旧合併特例法」では①3万市特例②地方税不均一課税③議員の在任特例④合併補正⑤合併算定替の特例期間10年（＋激変緩和5年）⑥合併特例債による財政支援措置等の特例があった。また「現行合併特例法」では平成22年（2010）3月31日までに市町村合併が成就すれば⑥合併特例債による財政支援を除いて、殆どの特例が延長になった。

合併算定替の措置とは、合併後5年間は合併前の市町村がなお、存続したものとみなして交付税が交付されるものである。更に6年目以降も激変緩和措置として、段階的に加算分交付税が減額されるものの交付される、というもの。このような措置がなければ合併後の新自治体の地方交付税はむしろ減額になってしまうのであった。地方交付税が減額になってしまうのであれば、積極的に市町村合併をするモチベーションは失われてしまう。従って新たな特例措置に政府の「平成の合併」への強い意欲を感じた首長は多かったと思う。合併に躊躇する全国の市町村長にこの交付税の特例措置は大きな勇気を与えたと筆者は考える。まさにアメであった。市町村合併を躊躇する首長の背中を押したのだ。このアメによって市町村合併を躊躇する首長も推進せざるを得なくなったのだ。新久喜市は合併算定替えによる普通交付税の増額分と臨時財政対策債との合計額は約223億円となった。

合併特例債の発行（合併推進債）の関係である。行政の執行責任者たる市町村長の多くは、公共施設の運営・維持については現在の納税者だけで負担するのではなく、完成後は長きにわたって市民が公共施設を利用するのであるから、現役世代だけが負担するのでなく、将来公共施設を利用する後世代の市民にも応分の財政負担を求めるのが当然、との考え方がある。合併特例債の発行（合併推進債）は合併後10年間新市建設計画に基づいての事業経費に対して発行が認められるものであるが、更に10年間の制度の延長が認められるという事である。合併特例債は元利償還金の70%を国が普通交付税で負担するという、合併意欲を持った自治体にとっては今までには無かった破格の有利な制度である。そうはいっても新自治体にとって借金が増えることになるから慎重な対応が必要である。新久喜市はこれまでに子育て支援策、道路整備、電算システムの統合等で総額約37億円余りの合併特例債を発行した。

平成17（2005）年4月1日施行の「現行合併特例法」において総務大臣が基本指針を定め、都道府県知事において市町村の合併の推進に関する構想を示し、具体的な市町村の合併の組み合わせ等を示したことは合併に対する弾みをつけたと筆者は考える。全国において平成11年（1999）年度当初に3232であった自治体数は、平成16年度末までに2521自治体となり相当数の合併が成功していたものの、様々な理由により合併が破綻した結果、その後市町村合併について身動きができない自治体が全国では相当数にのぼっていたのである。もちろんその段階で合併を諦めた自治体もあったが、合併が破綻した多くの自治体は府県が新たにそれぞれの府県内の具体的な市町村の枠組み構想を示したことは、全国の市町村が合併へ再チャレンジするきっかけと意欲を与えるものとなり、合併に意欲的な首長はこの政府・県の動きに歓喜した。半ば諦めていた市町村合併への再チャレンジが可能となったのである。

「平成の合併」の推進と同時期に地方分権の観点から、「国庫補助負担金改革」「財源移譲」「地方交付税改革」を内容とする三位一体改革が小泉純一郎内閣によって進められ、そのうち地方交付税については平成16年から平成18年の3年間でおよそ5兆円程度抑制された結果、全国の自治体においては高齢化の進行に伴う社会福祉経費の増大などの時代背景があって、この時期地方財政は全国的に大幅に悪化していった。平成16年度・

平成17年度に全国の市町村合併が集中したのも財政的な理由で合併を選択せざるを得なかった自治体が多かったと思われる。

久喜市においては平成19年度の地方交付税はゼロであった。万が一にもそんなことがあるかな、と筆者は可能性を予想はしていたが、本当に地方交付税がゼロとの連絡が関係者からあった時の衝撃は筆者（久喜市長）にとっても大きく、「本当か！」と思わず担当職員に聞き返した程であった。

4　平成の合併の結果

（1）人口段階別の市町村の人口・面積の変化

（総務省報道資料「『平成の合併』についての公表」平成22年3月5日）

平成の合併の結果、全国の市町村の平均人口は3万6387人から6万8947人に、平均面積は114・8㎢から215・0㎢となり、各々がほぼ倍増した。

合併特例法を根拠に合併した結果、人口3万人に達した場合に町から市に移行できることもあり、人口5万人未満の自治体が1185と全体の68・4％を占める結果となった。また人口3万人未満の自治体が926と全体（1730自治体）の53・5％、又1万

人口段階別の市町村の人口・面積の変化

	H11.3.31			H22.3.31		
	団体数	人口	面積（㎢）	団体数	人口	面積（㎢）
50万人以上	21	24,459,688 （20.8%）	7,910 （2.1%）	27	30,406,053 （25.5%）	14,206 （3.8%）
30万人以上50万人未満	43	16,672,731 （14.2%）	11,025 （3.0%）	45	17,334,198 （14.5%）	16,251 （4.4%）
20万人以上30万人未満	41	10,139,015 （8.6%）	7,624 （2.1%）	41	10,082,356 （8.5%）	12,109 （3.3%）
10万人以上20万人未満	115	15,609,766 （13.3%）	13,901 （3.7%）	154	21,252,161 （17.8%）	41,139 （11.1%）
5万人以上10万人未満	227	15,738,410 （13.4%）	24,690 （6.7%）	278	19,314,878 （16.2%）	63,710 （17.1%）
3万人以上5万人未満	262	10,015,674 （8.5%）	30,248 （8.2%）	259	10,015,061 （8.4%）	56,026 （15.1%）
1万人以上3万人未満	986	16,620,311 （14.1%）	101,818 （27.4%）	467	8,480,508 （7.1%）	84,580 （22.7%）
1万人未満	1,537	8,347,037 （7.1%）	173,826 （46.8%）	459	2,393,126 （2.0%）	83,930 （22.6%）
全国計	3,232	117,602,632 （100.0%）	371,040 （100.0%）	1,730	119,278,341 （100.0%）	371,950 （100.0%）
(参考) 全国平均		36,387	114.8		68,947	215.0

※ H11・3・31 の人口は、平成 7 年国勢調査人口による。
※ H22・3・31 の人口は、平成 17 年国勢調査人口による。

※ H11・3・31 の面積は、「全国市町村要覧（平成 10 年度版）」の面積による。
※ H22・3・31 の面積は、「全国市町村要覧（平成 21 年度版）」の面積による。

※ H22・1・12 までに合併の官報告示を終えたもの。

（総務省「『平成の合併』について」（平成 22 年 3 月））

人未満の自治体が１５３７から４５９（全体の26・5％）と大幅に減少した。

【人口段階別の市町村の人口・面積の変化】の図表を見る。

人口50万人以上の自治体数は21から27自治体に、人口30万人以上から50万人未満の自治体数は43から45自治体に、人口20万人以上から30万人未満の自治体数は41から41自治体となった。人口50万人以上の都市が６都市増加し、人口は約５９５万人増加した。人口20万人以上の都市は全国で１０５から１１３自治体となったが、人口は５１２７万人から５７８２万人と約６５５万人増加した。人口が20万人超の都市に暮らす人は全人口の48・4％に達した。人口10万人以上

20万人未満の人口規模の都市は１１５から１５４自治体になった。人口５万人以上から10万人未満の自治体は２６２から２５９自治体となった。人口１万人以上から３万人未満の自治体は９８６から４６７自治体に（減少率52・７％）、人口１万人未満の自治体は１５３７自治体から４５９自治体となり（減少率70・２％）となったが、それでも人口が３万人未満の自治体は９２６自治体であり、人口では全人口の９・１％の住民がそれらの自治体に暮らしている。

　特に問題となるのは、人口１万人未満の４５９自治体の今後の扱いであろう。その自治体の多くは高齢化率が高く限界集落も見られ少子化の傾向も顕著である。例えば昨今の自治体に住民から求められている高齢者対策、障がい者対策、貧困対策、一人暮らし対策等の福祉サービスの実施について果たしてどこまで対応できているのか、対応できるのか、今後の自治体内での専門職の育成は計画通りに進んでいるのか、という点で懸念がある。府県からの人的な支援、近隣自治体との水平的な事業実施等が人口１万人以下の小規模自治体に対しての行政的支援策として話題になるが、そもそも福祉サービスについては現場・住民に近い市町村の方が府県よりも得意とする事業分野であり、人口１万人未満の自治体における福祉サービス部門について、継続的に府県が自治体の不足部分を担うことが果たして可能なのか。また住民に対して福祉サービスを充分に行えない小規模自治体に、近隣の自治体が水平的にバックアップするようなことを継続して実施する余裕のある自治体があるのか、甚だ疑問である。消防行政やゴミ行政に見られるような一部事務組合的な組織で、小規模自治体の高齢者対策等の福祉サービス分野を近隣の比較的に規模の大きな自治体が実施するとしたら、実施できると考えたら、それは大きな過ちであると言わざるを得ない。福祉サービス部門こそ基礎自治体が住民から信頼される得意分野でなければならない。高齢社会に突入した今、行政の行政たる所以は偏に住民要望に沿った福祉サービスを実施・充実することにある。福祉事業に完璧な福祉はあり得ないし、時代が移れば市民要望はなお高度な行政サービスを要求し期待するであろう。住民の期待する住民サービスは留まるところが無いのである。このような時代にあたり人口１万人未満の小規模自治体は住民の期待に果たして応え得るのだろうか。他の近隣自治体や、府県からの人的派遣を当てにして福祉サービスを実施するような小規模自治体を、住民は果たして信頼するだろうか。

（２）小規模自治体の取り扱いについて

【都道府県別合併の進捗状況】（総務省『平成の合併』についての公表　平成22年３月）

人口１万人未満の自治体１５３７は全国市町村数３２３２の47・６％を占めていた

が「平成の合併」が終了した時点では全国１７３０自治体の中で４５９自治体となり、全国の市町村数の26・５％を占める結果となった。つまり人口１万人未満自治体数は１５３７から４５９となり70・１％の減少率であった。これほどの減少率になった、という事は関係者の方々の筆舌に尽くし難いご苦労があったと推察され、心からの敬意を表したい。

47都道府県の中で人口が１万人未満の自治体が０になった県は兵庫県だけである。「平成の合併」前は35の人口１万人未満自治体があったのに、である。兵庫県知事の高い見識に脱帽である。「平成の合併」の結果、人口が１万人未満の自治体が１～２自治体ある県は、茨城県（1）、栃木県（1）、神奈川県（2）、富山県（1）、石川県（1）、福井県（2）、大阪府（2）、広島県（2）、香川県（1）、愛媛県（2）、長崎県（2）、大分県（1）、以上の12府県である。また現在、人口１万人未満自治体を10以上有する府県は北海道（１１２）、青森県（12）、山形県（12）、福島県（28）、群馬県（10）、東京都（11）、奈良県（18）、和歌山県（11）、高知県（19）、熊本県（15）、鹿児島県（15）、沖縄県（19）、以上12都道県である。都道府県によっては離島が数多くあったり、山間部の中の小規模集落がいくつも点在していたり、である。

北海道は人口１万人未満自治体は「平成の合併」前は１４４自治体であったが１１２

自治体になったが、それでも北海道で人口1万人未満の自治体は62・6％を占めている。人口1万人未満自治体に限って言えば90％以上の減少率だったのは茨城県（15→1）減少率93・3％、富山県（11→1）同90・9％、石川県（17→1）同94・1％、岡山県（50→4）同92・2％、広島県（52→2）同96・2％、山口県（33→3）同90・9％、香川県（17→1）同94・1％、愛媛県（42→2）同95・2％、長崎県（55→2）同96・4％、大分県（38→1）同97・4％、以上10県である。人口1万人未満の自治体を数多く抱えて削減率が90％以上とは素晴らしい結果であり、関係者のご苦労に拍手をおくりたい。村から町へ、3万市特例によって村から市へ、さらに政令指定都市への移行の例もあり、関係者のご苦労は並大抵な事では無かったはずである。逆に人口1万人未満自治体の減少率が0だったのは東京都（11→11）、神奈川県（2→2）、大阪府（2→2）の3都府県であった。1都2県の「平成の合併」の結果と合わせて、この人口1万人未満の自治体の減少率0の結果を見れば、3知事の「平成の合併」についての考え方が透けて見えてくる。「平成の合併」の結果は3都府県知事の見識の結果であると筆者は考える。

筆者は人口1万人未満自治体の取り扱いについては次のように考える。

459自治体数は全体1730自治体の約1／4の26・5％を占め、その自治体に暮らす人数は約239万人であり全国民の約2・0％にあたる。

今後全国的な市町合併は当分の間、実施がない、実施できない、ことを前提に人口1万人未満の自治体については、その自治体が住民の意向の確認をしながらも、具体的な自治体としての事務事業については、法令に基づいての基本的・事務的・日常的な窓口業務にとどめて、それ以外の行政の実務は近隣の市町村が自らの領域の業務として、人口1万人未満の自治体の業務を実施するべきと筆者は考える。つまり人口1万人未満の小規模自治体は「一部事務組合」の方法での事務事業の実施ではなく、近隣の中心的自治体への『事業委託』にて実施する事が望ましいと筆者は考える。『事業委託』は事業を充分に実施できない小規模自治体が他の自治体に対して自らの事業をそっくりお願いする立場であり、一部事務組合のように組合議会を設置するわけではない。つまり事業委託した事業について、人口1万人未満自治体には一部事務組合のような「一部事務組合議会」での発言の場は原則として無い、という事である。それでも事業委託を受けた自治体は首長同志がきちんと事業のすり合わせをして立派に委託事業を運営するから心配無用である。そうでもしないと、近隣自治体の中で1万人未満自治体の事務事業を受ける自治体は無いのではないか。

今後国民、市民の中に更なる〝地方分権意識〟が醸成されるのは必定と思われるが、今後は今まで以上に基礎自治体である市町村の責任と判断で住民の期待と負託に応えていかねばならない。そのような基礎自治体の置かれた立場を考えると、人口1万人未満の自治体については、果たして住民から期待される行政の事務事業を充分にやり切れるのか、大いなる懸念を筆者は持たざるを得ない。人口1万人未満の459自治体については、住民の意向を確認しながら、早期にその方向性を自治体自らが定めるべきと思う。「平成の合併」を経てなお人口1万人未満の自治体とは、そのような状況を覚悟の上で平成の市町村合併を拒否し、単独での自治体を選択した自治体と筆者は指摘せざるを得ないのである。

（3）旧市町村の合併前のつながり

総務省「『平成の合併』について」の公表　平成22年3月5日
https://www.soumu.go.jp/gapei/pdf/100311_1.pdf

財団法人日本都市センターの「市町村合併に関するアンケート調査」（平成20年度416団体より回答）によると、一部事務組合や広域市町村圏を基本とする枠組みを基にした合併の成功事例が多くみられた。埼玉県内でも合併が成就した市町村の例を見ると一部事務組合や広域市町村圏等で何らかの行政的な繋がりがあった自治体間での合併が殆どであった。平成17（2005）年から都道府県が「平成の合併」に積極的に関与した中で埼玉県においては『埼玉県市町村合併推進構想』を公表し、それまでの自治体間の繋がりを前提とした、具体的な枠組みを示した事は、その後の埼玉県内の市町村合併が促進された結果に繋がったと考える。

（4）合併により政令指定都市等へ移行した市

中核市、特例市についてはそれぞれの自治体が歴史的にも地域の中枢を担う都市であり、将来的にも地域を代表する都市として期待される都市である。それにしても10市町村以上の多数の自治体の合併で新市誕生にまで至った自治体については首長、議会はじめ関係者の皆様のご労苦に深く敬意を称したい。【合併により政令指定都市等へ移行した市】（総務省「『平成の合併』ついて」の公表平成22年3月）が作成された以降にも、相模原市が平成22年4月1日に、熊本市が平成22年3月23日に政令指定都市に移行した。

政令指定都市を乱造してまで政府は「平成の合併」を進めたかったのか、と思わせるような多数の「平成の合併」時の政令指定都市の成立である。かつては100万人が指定都市の人口要件といわれ、一般市から見ると手が届かない仰ぎ見る市であったが「平

合併により政令指定都市等へ移行した市

	市名	合併関係市町村	合併日
政令指定都市（６団体）	さいたま市（埼玉県）	浦和市、大宮市、与野市	H13.5.1
	静岡市（静岡県）	静岡市、清水市	H15.4.1
	堺市（大阪府）	堺市、美原町	H17.2.1
	浜松市（静岡県）	浜松市、浜北市ほか計12市町村	H17.7.1
	新潟市（新潟県）	新潟市、新津市ほか計15市町村	H17.10.10ほか
	岡山市（岡山県）	岡山市、御津町ほか計５市町村	H17.3.22ほか
中核市（８団体）	函館市（北海道）	函館市、南茅部町ほか計５市町村	H16.12.1
	下関市（山口県）	下関市、豊浦町ほか計５市町村	H17.2.13
	青森市（青森県）	青森市、浪岡町	H17.4.1
	盛岡市（岩手県）	盛岡市、玉山村	H18.1.10
	前橋市（群馬県）	前橋市、大胡町ほか４市町村	H16.12.5
	柏市（千葉県）	柏市、沼南町	H17.3.28
	大津市（滋賀県）	大津市、志賀町	H18.3.20
	久留米市（福岡県）	久留米市、田主丸町ほか計５市町村	H17.2.5
特例市（７団体）	つくば市（茨城県）	つくば市、茎崎町	H14.11.1
	熊谷市（埼玉県）	熊谷市、大里町ほか計４市町	H17.10.10ほか
	鳥取市（鳥取県）	鳥取市、気高町ほか計９市町村	H16.11.1
	伊勢崎市（群馬県）	伊勢崎市、堺町ほか計４市町村	H17.1.1
	上越市（新潟県）	上越市、柿崎町ほか計14市町村	H17.1.1
	太田市（群馬県）	太田市、新田町ほか計４市町	H17.3.28
	長岡市（新潟県）	長岡市、越路町ほか計10市町村	H18.1.1ほか

※ H11・4・1以降の合併により、必要な要件をみたし、政令指定都市等へ移行した事例
※神奈川県相模原市は22・4・1より政令指定都市へ移行する予定。
※熊本県熊本市はH22・3・23に城南町、植木町と合併することにより政令指定都市へと移行する予定。

（総務省「『平成の合併』について」（平成22年３月）を元に作成）

成の合併」においては70万人と人口要件が緩和された。しかし指定都市に移行するためには人口要件を満たすために、多数の市町村と合併せざるを得ない事例が全国的に複数あったのだ。市内に山間部や農村部を抱え、政令指定都市のスタート時から過疎地域を含む広大な農村地帯

を有する指定都市さえあったのだ。その結果、政令指定都市に移行して間もなく人口減少に陥った指定都市は複数にのぼる。

かつての政令指定都市らしさ、大都市としての風格、ほかの自治体関係者からの〝憧れの政令指定都市〟、〝目標とすべき政令指定都市〟は一体どこに消えてしまったのか。「平成の合併」を成功裡に治めるために、政府は政令指定都市を道具にしたのではないか、との批判の声に政府は何と答えるか。

筆者は我が国の今後の統治制度のあり方を考えた時、地方分権を前提に47都道府県を解体して道州制（9道州＋4特別都市州）を導入すべきと考えるが、その際政令指定都市の役割は大きい（田中暄二平成国際大学大学院修士論文『我が国の望ましい地方分権のあり方についての考察』令和2年）。

大都市としての政令指定都市を道州制の中でどう位置付けるか。人口格差、行政面積の相違、中心性・拠点性の有無、財政力の格差、都市の性格の違い、港湾の有無等をはじめ多種多様な政令指定都市が20市にも及ぶ中、政令指定都市を一律に扱うのはそもそも無理ではないか。「平成の合併」が政令指定都市を一律に扱う事を不可能にしてしまったのではないか。「平成の合併」の結果、全国の都市の中での政令指定都市に対する見方が大きく変わってしまったのではないか。政令指定都市はかつてのように、一般市から見て目標とすべき高次都市ではなくなってしまったように筆者は考える。

令和5年4月1日現在、全国に62ある中核都市を道州制の中でどう位置付けるのか。この事も政令指定都市と並んで道州制の導入にあたっては大きな課題である。中核市は地域の中心都市であるし、更に道州制導入後は地域の要の自治体でなければならない。歴史的にも長い間その地域の中心的な都市であった自治体が多い。その意味では分権時代において中核都市の存在感は今までよりも大きくなるのは必至であるし、そうあって欲しいと考える。一般市町村から見て政令指定都市や中核市は事業実施にあたり身近な相談相手・モデルとなるべき都市であって欲しい。一般市では財政的にも人材的にも躊躇するような困難な新規事業についても、勇気を持って先進的な事務事業を先行して実施するような中核市であって欲しいと考える。中核市は周辺の市町村を指導し得る、事務事業の実施においては地域のモデル的な中心都市であるべきだ。

道州制は地方分権の考え方のもと、これまでの国・都道府県に代わって多くの事務事業を市町村レベルが実施する。無論、道州には広域的な役割はあるものの、地域住民に直接関係する業務はその殆どを市町村が自律的・主体的に実施する事になる。そうでなければ道州制への導入の意味がない。分権時代においては市町村が自律性・主体性を持って主権者として事業を実施することが求められる。当然、市町村職員の意識改革が必要・

不可欠であるし、住民にもそれなりの理解と協力が求められる。

「平成の合併」が終了した今、日本の統治構造を改革して新しい豊かな日本を創るためには、国、市町村、住民が、ともども大いに知恵を絞り様々な工夫が求められる。

（5）「平成の合併」に対する住民の評価

平成の合併から10年が経過した現在、全国的には「平成の合併」について、良かったとする評価がある一方、否定的な意見があるのも事実である。以下代表的な意見をあげる。

・役場が遠くなって不便になった。

久喜市は平成の合併において総合支所方式を採用し、住民に直接関係する事務事業は合併後も従来同様に3支所（菖蒲・栗橋・鷲宮）に職員を配置し業務を実施したから、住民からの苦情は特になかった。しかし総務部門等は本庁舎に職員を集約したから、各支所の総職員数は合併前に比して減った。また支所間や本庁舎と支所間で意識して人事異動をした結果、住民が市役所を訪問した時に顔見知りの職員が少なくなった事から、心理的に市役所が遠くなったと感じた住民はいたと思われる。

しかし合併後の職員数の削減は「平成の合併」の目的の一つであるから市民にはご理解頂くしかない。

・住民の声が市政に届きにくくなった。

新久喜市が誕生すると議員数が削減された結果、地域によっては今まで存在していた議員がいなくなった地域があったことから、意見・要望を誰に言ったら良いのかとの苦情は住民からあった。しかし議会議員数の削減は、市長、町長、副市長、教育長などの役職の削減と同様に、そもそも市町村合併の目的の一つであるから市民にはご理解頂くしかない。筆者は合併前の久喜市の例に倣い「市長へのメール」、「市長への手紙」、「市長へのファックス」等を制度化して、市民からの要望、苦情、意見等がダイレクトに市長本人に届く事とし、その回答も市長から速やかに市民（質問者）に届くようにした事からこの種の苦情は減っていったし、市長と直接やり取りができるこの制度は特に新しい久喜市民には大変喜ばれた。

・市内の中心部だけがよくなって周辺部はさびれた。

合併後、筆者（久喜市長）は意識して久喜、菖蒲、栗橋、鷲宮地区において、様々な事務事業を4地区において公平に実施した。予算配分についても特に1市3町のバランスの取れた予算配分となるように意を配した。小中学校の入学式、卒業式、運動会、文化祭等のイベントへの市長の出席についても、4地区において機会均等になるように久喜市長（筆者）は出席した。それでも久喜地区の住民からは市長は合併後は3町の会合ばかり出席して久喜地区をなおざりにしていると言われ、3町の住民からは旧3町のイベントには市長は殆ど顔を出さないと苦情を言われたことは、残念であった。

・慣れ親しんだ町名が無くなった。

新久喜市においては久喜市、菖蒲町、栗橋町、鷲宮町の1市3町が合併し、新市名は久喜市となり3町の名前は消えてしまった。但し菖蒲町は合併直前になり中山町長から〝菖蒲〟をすべての住居表示に入れて欲しいとの要望があったため、急遽〝菖蒲〟は残ったのである。全国的にも町の名前が消えるから、といった事を理由に合併反対運動が起こったこともあったことから、関係者は新都市名については大変気を使った。新しい都市名を「久喜市」でお許し頂いたことについては旧3町の町長・議員・関係者・住民には感謝しか無い。

5 都道府県別合併の進捗状況

平成11年3月31日時点の全国の自治体数は3232で、内訳は670市1994町568村であったが、「平成の合併」後の平成22年3月31日には786市757町187村の合計1730自治体となった。全国では自治体数は46・5%の減少率であった。減少率46・5%は政府の思惑以上の結果ではなかったか。自治体の平均人口は3万6387人から6万8947人になりほぼ倍増した。また行政面積は平均で114・8㎢から215・0㎢となりほぼ倍増した。人口5万人以上の都市は合計で447市が545市となり、5万人以上の都市の人口合計は、全国の人口の70・2%が「平成の合併」後は82・4%となった。市制施行の自治体の住民である都市人口は80%を超えたのである。「平成の合併」によって地方自治法上の市の要件である人口5万人に達しない市町村は1185であり、全体1730自治体の68・4%を占めている。これは「平成の合併」の特例として合併によって人口3万人超の自治体は〝市〟に移行できるとした結果である。また人口3万人未満の自治体は926自治体となった。その人口合計は1087万人である。926自治体の内、459自治体は人口1万人未満である。その全人口が約2399万人であるから、平均人口は1自治体あたり5200人程度である。

都道府県別合併の進捗状況

	都道府県名	H11.3.31市町村数				H22.3.31市町村数				減少率
			市	町	村		市	町	村	
1	北海道	212	34	154	24	179	35	129	15	15.6%
2	青森県	67	8	34	25	40	10	22	8	40.3%
3	岩手県	59	13	30	16	34	13	16	5	42.4%
4	宮城県	71	10	59	2	35	13	21	1	50.7%
5	秋田県	69	9	50	10	25	13	9	3	63.8%
6	山形県	44	13	27	4	35	13	19	3	20.5%
7	福島県	90	10	52	28	59	13	31	15	34.4%
8	茨城県	85	20	48	17	44	32	10	2	48.2%
9	栃木県	49	12	35	2	27	14	13	0	44.9%
10	群馬県	70	11	33	26	36	12	15	9	48.6%
11	埼玉県	92	43	38	11	64	40	23	1	30.4%
12	千葉県	80	31	44	5	56	36	17	3	30.0%
13	東京都	40	27	5	8	39	26	5	8	2.5%
14	神奈川県	37	19	17	1	33	19	13	1	10.8%
15	新潟県	112	20	57	35	30	20	6	4	73.2%
16	富山県	35	9	18	8	15	10	4	1	57.1%
17	石川県	41	8	27	6	19	10	9	0	53.7%
18	福井県	35	7	22	6	17	9	8	0	51.4%
19	山梨県	64	7	37	20	27	13	8	6	57.8%
20	長野県	120	17	36	67	77	19	23	35	35.8%
21	岐阜県	99	14	55	30	42	21	19	2	57.6%
22	静岡県	74	21	49	4	35	23	12	0	52.7%
23	愛知県	88	31	47	10	57	37	18	2	35.2%
24	三重県	69	13	47	9	29	14	15	0	58.0%
25	滋賀県	50	7	42	1	19	13	6	0	62.0%
26	京都府	44	12	31	1	26	15	10	1	40.9%
27	大阪府	44	33	10	1	43	33	9	1	2.3%
28	兵庫県	91	21	70	0	41	29	12	0	54.9%
29	奈良県	47	10	20	17	39	12	15	12	17.0%
30	和歌山県	50	7	36	7	30	9	20	1	40.0%
31	鳥取県	39	4	31	4	19	4	14	1	51.3%
32	島根県	59	8	41	10	21	8	12	1	64.4%
33	岡山県	78	10	56	12	27	15	10	2	65.4%
34	広島県	86	13	67	6	23	14	9	0	73.3%
35	山口県	56	14	37	5	19	13	6	0	66.1%
36	徳島県	50	4	38	8	24	8	15	1	52.0%
37	香川県	43	5	38	0	17	8	9	0	60.5%
38	愛媛県	70	12	44	14	20	11	9	0	71.4%
39	高知県	53	9	25	19	34	11	17	6	35.8%
40	福岡県	97	24	65	8	60	28	30	2	38.1%
41	佐賀県	49	7	37	5	20	10	10	0	59.2%
42	長崎県	79	8	70	1	21	13	8	0	73.4%
43	熊本県	94	11	62	21	45	14	23	8	52.1%
44	大分県	58	11	36	11	18	14	3	1	69.0%
45	宮崎県	44	9	28	7	26	9	14	3	40.9%
46	鹿児島県	96	14	73	9	43	19	20	4	55.2%
47	沖縄県	53	10	16	27	41	11	11	19	22.6%
	計	**3,232**	670	1,994	568	**1,730**	786	757	187	46.5%

	都道府県名	H11.3.31 1万人未満 団体数（構成比）	H22.3.31 1万人未満 団体数（構成比）	減少率
1	北海道	144（67.9%）	112（62.6%）	22.2%
2	青森県	36（53.7%）	12（30.0%）	66.7%
3	岩手県	24（40.7%）	9（26.5%）	62.5%
4	宮城県	27（38.0%）	4（11.4%）	85.2%
5	秋田県	41（59.4%）	8（32.0%）	80.5%
6	山形県	17（38.6%）	12（34.3%）	29.4%
7	福島県	51（56.7%）	28（47.5%）	45.1%
8	茨城県	15（17.6%）	1（2.3%）	93.3%
9	栃木県	7（14.3%）	1（3.7%）	85.7%
10	群馬県	24（34.3%）	10（27.8%）	58.3%
11	埼玉県	13（14.1%）	3（4.7%）	76.9%
12	千葉県	18（22.5%）	8（14.3%）	55.6%
13	東京都	11（27.5%）	11（28.2%）	0.0%
14	神奈川県	2（5.4%）	2（6.1%）	0.0%
15	新潟県	57（50.9%）	6（20.0%）	89.5%
16	富山県	11（31.4%）	1（6.7%）	90.9%
17	石川県	17（41.5%）	1（5.3%）	94.1%
18	福井県	18（51.4%）	2（11.8%）	88.9%
19	山梨県	41（64.1%）	8（29.6%）	80.5%
20	長野県	77（64.2%）	40（51.9%）	48.1%
21	岐阜県	56（56.6%）	7（16.7%）	87.5%
22	静岡県	15（20.3%）	3（8.6%）	80.0%
23	愛知県	18（20.5%）	4（7.0%）	77.8%
24	三重県	31（44.9%）	4（13.8%）	87.1%
25	滋賀県	20（40.0%）	3（15.8%）	85.0%
26	京都府	21（47.7%）	5（19.2%）	76.2%
27	大阪府	2（4.5%）	2（4.7%）	0.0%
28	兵庫県	35（38.5%）	0（0.0%）	100.0%
29	奈良県	24（51.1%）	18（46.2%）	25.0%
30	和歌山県	28（56.0%）	11（36.7%）	60.7%
31	鳥取県	30（76.9%）	7（36.8%）	76.7%
32	島根県	45（76.3%）	8（38.1%）	82.2%
33	岡山県	50（64.1%）	4（14.8%）	92.0%
34	広島県	52（60.5%）	2（8.7%）	96.2%
35	山口県	33（58.9%）	3（15.8%）	90.9%
36	徳島県	32（64.0%）	6（25.0%）	81.3%
37	香川県	17（39.5%）	1（5.9%）	94.1%
38	愛媛県	42（60.0%）	2（10.0%）	95.2%
39	高知県	37（69.8%）	19（55.9%）	48.6%
40	福岡県	22（22.7%）	7（11.7%）	68.2%
41	佐賀県	25（51.0%）	4（20.0%）	84.0%
42	長崎県	55（69.6%）	2（9.5%）	96.4%
43	熊本県	58（61.7%）	15（33.3%）	74.1%
44	大分県	38（65.5%）	1（5.6%）	97.4%
45	宮崎県	19（43.2%）	8（30.8%）	57.9%
46	鹿児島県	54（56.3%）	15（34.9%）	72.2%
47	沖縄県	27（50.9%）	19（46.3%）	29.6%
	計	1,537（47.6%）	**459**（26.5%）	70.1%

（総務省「『平成の合併』について」（平成 22 年 3 月））

更に人口1万人以上から3万人未満の自治体は467、人口は合計で約848万人であるから1自治体あたり平均で1万8100人程度の人口規模である。

47都道府県の中で最も自治体の減少率の高かったのは長崎県（79→21）減少率73・4％であった。2番目は広島県（86→23）減少率73・3％、3番目新潟県（112→30）減少率73・2％、4番目愛媛県（70→20）減少率71・4％、5番目大分県（58→18）減少率69・0％であった。それにしても市町村数の減少率が70％を超すとは凄まじい合併結果である。上記の5県とも大都市圏・とりわけ首都東京から遠隔地にある県である。『平成の合併』を利用しての東京一極集中への反旗と言えなくもない、と筆者は考える。

一方、逆に合併があまり進まなかった府県は、大阪府（44→43）減少率2・3％、2番目は東京都（40→39）減少率2・5％、3番目神奈川県（37→33）減少率10・8％、4番目北海道（212→179）減少率15・6％、5番目奈良県（47→39）減少率17・0％であった。大阪府と東京都は合併が実現したのは僅か1自治体の減に留まった、という事である。大阪府、東京都、神奈川県は人口の多い大都市・特別区・行政区を抱えているから、人口に比較して自治体数がそもそも少ないとの事情はあったにせよ、合併成就の事例が少なかった。大阪府の減少自治体数1、東京都の減少自治体数1、神奈川県の減少自治体数は4自治体であった。それにしても「平成の合併」での大阪府、東京都、神奈川県は余りにも低調では無かったか。全国市長会等で東京都23特別区や市の関係者にお会いする事があったが「平成の合併」については筆者から見ても〝我関せず〟との印象が関係者にはあり、筆者との認識の違いを感じた事もあった。

埼玉県は平成11（1999）年3月31日現在では92自治体（43市38町11村）であったが、平成22（2010）年3月31日には64自治体（40市23町1村）となり、減少率30・4％で「平成の合併」を終えた。埼玉県は全国の減少率46・5％には及ばなかったものの、首都圏1都3県（東京都2・5％、神奈川県10・8％、千葉県30・0％）の中では1番の減少率になり、知事はじめ埼玉県の関係者は好成績に安堵したはずである。

北海道は行政面積が広い自治体が多く、市町村合併はなかなか住民に理解をしてもらうのが難しい、との話を関係者から聞くことがあった。それでも33の自治体が合併の結果消滅した。

東京都、大阪府、埼玉県では行政面積の小さな自治体があり、行政サービスの受益と負担が必ずしも一致していない自治体が多いことから、本来的に言えば市町村合併が望ましい地域であったはずであるが、様々な理由から合併が然程進まなかったのは誠に残念であったと筆者は考える。確かに歴史的に見てもそれぞれの自治体が個別に発展を遂げてきた、ことがあるとしても、である。合併はその都市・地域の将来を考えて結論を出すべき重要な案件であったはずである。

・行政面積から見る「平成の合併」

行政面積の1番は北海道（212自治体→179自治体）である。市町村数は15・6％の減少率、面積は8万3457㎢である。面積2番目は岩手県（59→34）で減少率42・4％、面積1万5278㎢である。3番目福島県（90→59）で減少率34・4％、面積1万3782㎢である。4番目長野県（120→77）で減少率35・8％、面積1万3562㎢である。5番目新潟県で（112→30）、減少率73・2％、面積1万2583㎢である。各々面積が広い割には市町村数の減少率は高く、よく頑張ったというべきか。各々が大都市を擁する府県から遠隔地に位置する県であるが、これ以上東京に差をつけられてはかなわない、との気持ちの表れか。北海道の面積（8万3457㎢）は四国4県全体の面積（1万8805㎢）の4・4倍、面積最小県の香川県（1876㎢）の44・4倍もある。香川県の合併結果は（43→17）であり市町村数の減少率は60・5％であった。岩手県（1万5278㎢）は全国最小面積の香川県（1876）㎢の8・1倍の面積、四国4県の合計面積1万8805㎢の0・81倍の面積である。福島県（1万3782㎢）は四国4県（1万8805㎢）の0・73倍の面積である。埼玉県（3798㎢）は東京都（2188㎢）の1・73倍、大阪府（1899㎢）の2・0倍、神奈川県（2415㎢）の1・57倍、千葉県（5156㎢）の0・73倍である。埼玉県（3798㎢）は全国39番目の面積ではあるが1都3県の首都圏の中では千葉県（28位・5156㎢）に次ぐ面積を持つ。

東京都の面積（2188㎢・全国45位）は埼玉県の面積（3798㎢）の57％、大阪府（1899㎢・46位）は埼玉県の面積の半分である。愛知県（5165㎢）は埼玉県（3798㎢）の面積の1・35倍の面積、福岡県（4978㎢）は埼玉県（3798㎢）の1・31倍の面積である。

埼玉県の「平成の合併」の結果は92市町村（43市38町11村）が64市町村（40市23町1村）となり30・4％の市町村数の減少率であった。埼玉県は東京圏においては千葉県（減少率30・0％）、東京都（減少率2・5％）、神奈川（減少率10・8％）の中ではトップの成績であった。中京地区・大阪地区では岐阜県（減少率57・6％）、静岡県（減少率52・7％）、愛知県（減少率35・2％）、三重県（減少率58・0％）、滋賀県（減少率62・0％）、京都府（減少率40・9％）、大阪府（減少率2・3％）、兵庫県（減少率54・9％）、奈良県（減少率17・0％）であり、福岡県は（減少率38・1％）といった状況であった。

「平成の合併」を全国的にとらえると、西日本、日本海側の地域で多くの市町村合併が成就し東日本では低調であった。即ち西高東低であったと評価されることが多い。確かに合併の結果、府県の市町村数が20自治体未満となった県は富山県（35→15）、石川県（41→19）、福井県（35→17）、滋賀県（50→19）、鳥取県（39→19）、山口県（56→19）、香川県（43→17）、大分県（58→18）の8県であるが、多くは日本海側に位置する県であり、大都市からの遠隔地にある県である。東京都、大阪府、神奈川県、埼玉県等では大都市周辺の自治体の多くは、積極的な市町村合併への動きは少なかったように思える。埼玉県南部地域の自治体には行政面積が小さく比較的に財政状況が良い自治体が多く、市町村合併は財政的に厳しい自治体がやればよい、との曲解があったのではないか。「平成の合併」は合併することにより、分権時代に相応しい自立性・自律性の高い自治体を目指すという大きな目標があったはずで、財政面だけの議論ではなかったはずであり、合併の論議が深まらなかった事は誠に残念に思う。逆に西日本、日本海側の市町村長、議会議員や住民、企業経営者等の中には首都東京やその周辺都市、大都市及びその周辺都市にこれ以上の差をつけられたくない、との地域全体での将来への強い危機感、焦燥感に似た思いがあり、首長や議会を先頭にしての「平成の合併」への取り組みがこのような合併結果に表れているのでないか。市町村合併は一部の地域や自治体だけの問題では無かったはずであったが、「平成の合併」の全国的なアンバランスな結果を見ると、合併成就を機に勇退した首長の中には、公職を引退せざるを得なかった無念さが滲み出てくる元首長・議会議員等も居るのではないかと、その思いを筆者は察する。

「平成の合併」の結果、47都道府県各々が持つ都市力・行政力（人口、面積、財政力、住民と協働する力、府県内の自治体との企画力、府県職員の行政目標に対しての実施能力等）や1730自治体の市町村各々が持つ都市力・行政力等が明らかになった。「平成の合併」の結果、包括する市町村が20未満となった県が8県（富山15、石川19、福井17、滋賀19、鳥取19、山口19、香川17、大分18）もある。懸命に「平成の合併」に取り組んだ県知事はじめ県職員には誠に申し訳ないが「平成の合併」後、このような自治体数の状況になった今、従来同様の役割・機能を持つ県組織がこれまで通りに果たして今後も必要なのか。包括する市町村数が20未満となってしまった県に、今までと同じような役割・機能の県が必要なのか。

この際、「平成の合併」で市町村が大きく変わったように広域自治体としての47都道府県も大きく変わるべきではないか。

明治政府において府県制度が誕生して以来殆ど変わらない広域自治体・47都道府県体制はこれを契機に解体・再編して9道州＋4特別都市州の道州制に移行すべきと筆者は考える。

現行の47都道府県を解体しての道州制への移行である。今後の地方分権の進展を前提とした我が国の住民の穏やかで充実した活力溢れる日常生活の確保のためには、「平成の合併」で都市力・行政力が向上した市町村、とりわけ地域の中心都市である市を核にした行政統治構造とし、広域自治体としての道州及び基礎自治体としての市町村との２層制への改革を断行する必要があると考える。明治政府が誕生した以来の最大規模の我が国における行政の統治構造改革である。

６　「平成の合併」以降の筆者の考え

近年、行政の統治制度について〝地方分権〟の考え方が相当程度浸透してきている。特に２０００（平成12）年の地方分権一括法の施行により国、府県から市町村に対して新たな事務事業が移管される等、その傾向は顕著になってきている。

「平成の合併」はこの地方分権の流れの中で実施されてきたものであり、「平成の合併」の折に全国の首長たちは財政的にも自立的・自律的な自治体を作るため、この目的に相応しい充分な権限とそれを可能とする行財政基盤を確保することが我が国にとって最重要課題である、との認識のもとに市町村合併に取り組んで来た。従って「平成の合併」が一段落した現在、我が国の行政にかかる統治制度の中で、住民に最も身近な行政主体として、基礎自治体である市町村の役割はなお一層重要となる事は論を俟たない。

2000（平成12）年前後から「平成の合併」の進行と同時並行的に広域自治体である47都道府県を廃して道州制を導入すべし、との声が官民問わず大きくなってきた。特に民間企業の連合団体組織や若手の経営者組織等において積極的な意見の提言が相次いだ時期があったが、その後中央政府における政権交代等の影響もあり、近年道州制導入の話題は前ほどの声とはなっていない。

我が国の失われた30年との言葉に代表されるように、近年の世界における日本の国際的な立場は中華人民共和国やインド等新興国の経済発展等があり、残念ながら大きく後退しているように思われる。この際、殆ど変わることなく130年余にわたり続いてきた47都道府県体制を抜本的に見直し、国内統治構造を9道州＋4特別都市州に再編する等、大改革を断行し我が国の経済振興を図り、以って国際的な地位を向上せしめ、我が国の名誉ある地位を確保すべき事を提案する。

9道州：北海道、東北州、北関東州、南関東州、中部州、関西州、中国四国州、九州、沖縄州

4特別都市州：東京都23特別区、横浜市、大阪市、名古屋市

参考文献

1　総務省「市町村合併資料集」https://www.soumu.go.jp/gapei/gapei.html
2　内閣府「国庫補助金負担金改革」「税源移譲」「地方交付税改革」
3　総務省　報道資料『平成の合併』についての公表　平成22年3月5日
https://www.soumu.go.jp/gapei/pdf/100311_1.pdf
4　東洋経済新報社
5　久喜市広報紙『広報　くき』２０１０年5月号
6　国立社会保障・人口問題研究所
7　厚生労働省　国民医療費の概況　２０１９年度
8　久喜市　年度当初予算案
9　内閣府公表　令和４年
10　総務省公表　令和元年
11　田中暄二『我が国の望ましい地方分権のあり方についての考察』
平成国際大学法学研究科修士課程論文　令和２年度
12　久喜市『合併検証報告書』令和２年10月

13　総務省『平成17年国勢調査』の結果による補間補正
14　全国町村会「平成の合併をめぐる実態と評価」平成20年10月
15　埼玉県『埼玉県市町村合併推進構想』平成18年3月
E-mail a2760-04@pref.saitama.lg.jp
16　北村亘『政令指定都市』中公新書
17　江口克彦監修『地域主権型道州制』ＰＨＰ研究所　２０１０年
18　自治総研通巻４２１号　２０１３年11月号「平成の大合併の実態と問題点」森川洋
19　早稲田社会科学総合研究別冊「２０１５年度学生論文集」石田健太
20　曽我謙悟『日本の地方政府』中公新書
21　岡田智弘「平成の第合併は地域に何をもたらしたのか」２０１０№85季刊家計経済研究
22　西川雅史「市町村合併の実像」日本計画経済学会
23　読売新聞２０２３年6月3日

第二章　政令指定都市と大都市制度

1 戦前の大都市制度

我が国の市町村制度は大日本帝国憲法が発布される前年の1888（明治21）年に公布された市町村制がその基である。当時は普通選挙ではなかったが選挙で市議会議員が選出され、その議員たちが市長を推薦し内務大臣が推薦をした者の中から市長を任命する仕組みが導入された。しかし東京市、大阪市、京都市の3市はこの例外とされた。すなわち「市制特例」と呼ばれる法令が別に定められ、府知事による市長兼務が定められた。当時の中央政府から見て3都市は政治的・歴史的に他の都市と違って明治新政府が様々な施策を実行するにあたり特別な都市との認識があったためと思われる。しかしこの3都市特例は各々の市民から猛反発を受け1898（明治31）年10月1日に僅か10年で「市制特例」は廃止となった。

1992（大正11）年10月になると「6大都市行政監督ニ関スル件」が交付され、6都市においては市で執行する国務事務の一部について府県の許認可が不要とされた。6都市とは東京市、大阪市、京都市、横浜市、名古屋市、神戸市である。当時一般市からはこの措置についての不満の意向は全く示されることはなかったという。しかし一方で府県と6大都市間の対立は激しくなっていく。

１９３１（昭和６）年３月には６都市の市長会議、市議会議長会議は府県から独立した「特別市制」の建議を行っている。つまり６都市は府県からの包括から分離・独立し、直接政府との交渉により都市を運営したいとの要望であった。浜口雄幸、若槻礼次郎内閣時代であり１９３１（昭和６）年には軍部による満州事変が勃発し、軍部の暴走が激しくなっていく時代である。この年には５・15事件が起こっている。６都市側は「特別市制の建議」の後は府県からの完全独立を目ざす特別市制制定運動を展開していく。一方府県側は６都市が完全独立した場合について、特に警察行政について問題提起して反発をする。公選市長に市民の安全・安心な生活をつかさどる警察行政を任せられるのか、というのが６都市の特別市移行への反対の主旨であった。このような中、中央政府は１９４３（昭和18）年７月に第二次世界大戦の戦時体制構築の一環として、東京府と東京市（東京23特別区にあたる地域）を合併して「東京都制」とする大転換を施行した。そして東京市を除いた５大都市を対象として「５都市行政監督特例」が交付された。この時点で人口規模等で他市を圧倒する東京都と５大都市制度が確立したのである。このことは戦時下にあり、中央政府が特に道路管理や河川管理などの社会基盤整備の分野で、５大都市への府県側からの関与を外すことによって、５大都市の事業の迅速化、効率化を図ったのである。しかし東京都政については第二次世界大戦後も引き続き体制を維持し今日に至っている。つまり東京都はそれまで東京市が担っていた本来は市町村が担当する事業をも東京都の業務として実施したのであるが、この事が現在も続いているのである。

2　特別市

第二次世界大戦後、敗戦からの我が国の再建は連合国（米国）の統治下あったため、米国の意向が我が国の方向性に大きな影響を及ぼした。地方統治体制については国の全体主義から民主化への改革の中で、都道府県はそれまでの国の出先機関から広域自治体へと大きな転換があった。都道府県知事の選出については官選知事から公選知事となり、1945（昭和20）年11月には早くも5大都市長は連名で5市の府県からの独立についての要望書を連合国総司令部や内閣に提出している。更に1946（昭和21）年9月には「特別市制法案」（暫定）を共同発表している。連合国（米国）の管理下にあって我が国は民主化への時代の大きな変革の中、筆者は5大市側の「特別市制」実現への強い意欲を感じる。

1947（昭和22）年5月の日本国憲法の施行に合わせて地方自治法が施行された。

この法により都道府県知事の公選、都道府県の地方自治体化、知事、市町村長、都道府県議会、市町村議員の公選などの地方自治制度の骨格が定められた。１９４７（昭和22）年の地方自治法で「特別市」が規定され、特別市は都道府県の区域外とされた。つまり「特別市」は府県から独立し府県の包括から外されることになったのである。地方自治法には具体的な市名は明示されてはいなかったものの、戦前からの横浜、名古屋、京都、大阪、神戸の５大都市を念頭に置いて府県からの分離・完全独立を法は想定していたのである。５大都市側は念願であった戦前からの特別市を実現するに絶好の機会と考えたに違いない。一方、５大都市を包括する神奈川県、愛知県、京都府、大阪府、兵庫県からすれば敗戦後、各々の府県や自治体が財政難で苦しむ中、民主行政の推進、敗戦からの経済復興、様々な住民行政の具体策、難事業を府県職員が主導・実施しなければならない困難な時期に、各々の府県の中心都市である５大都市が府県から分離・完全独立をすることは、到底受け入れらない暴挙であると政府・５大都市側に大いに反発した事は筆者は理解できる。

１９４７（昭和22）年に新たに施行された日本国憲法は第８章に地方自治を盛り込んだ。この事は第二次世界大戦前の大日本帝国憲法に比べて民主憲法として大変画期的なことであった。しかし日本国憲法第95条【特別法の住民投票】によれば、地方自治体の住民投票において、過半数の同意を得なければ5大都市は各々が特別市へ移行することにつき法定化し得ないとされた。問題は住民投票を実施する範囲であるが、この解釈を巡り大いに議論を呼んだ。つまり住民投票の選挙人は「当該市民」か、当該市が在る「府県民全員」か、との論議であった。1947年7月には特別市の法律による指定の事案において、必要な住民投票の範囲の憲法上の解釈が「市民」から「府県民」に事実上変更された。さらに1947年12月には地方自治法が改正され特別市指定に関する法律の制定には、関係都道府県の全選挙人の一般選挙が必要であるとの規定が盛り込まれた。これらのことから府県域での住民投票により特別市への移行支持が京都市を除き極めて難しくなったのである。当時、府県民人口の中で市の人口が過半数を超えるのは京都市だけであったことから、京都以外の府県で住民投票を実施しても府県の都市の中で、各々の府県の中心的な都市が府県から分離・独立することについては府県民からは反発・反対が見込まれたからであった。これらの自治法改正にあたっては無論、5府県側の大いなる働きかけがあったと思われる。

3　特別市から政令指定都市へ

その後も5大都市への移行に関しての5府県側と5大都市側の対立は収まる気配はなかった。そこで1953（昭和28）年10月の第1次地方制度調査会の答申では「差し当って事務および財源の配分により、大都市行政の運営の合理化を図るものとする」との妥協案を提示し、特別市への移行ということではなく、あくまで事務処理の特例配分・措置によって5大都市側に一般市とは異なる権能を認め、事実上5大都市に特別の地位を認めるべきことを勧告した。

5府県側は「府県の包括外にある5大都市」を避けるためにも、この妥協案を受け入れたのである。このような経過があり1956（昭和31）年6月には特別市制度に関する規定は同法から削除された。同時に特別市制度に代わり、5大都市のみを念頭に置いた第252条の19以下の「大都市に関する特例」が盛り込まれることになった。

人口50万人超の「政令指定都市」の誕生である。改正された地方自治法は1956（昭和31）年9月に施行され、横浜市（114万人）、名古屋市（134万人）、京都市（120万人）大阪市（255万人）、神戸市（98万人）の5つの政令指定都市の誕生であった。（　）内の人口が指定時の各市の人口であるが、政令指定都市に移行する事によって、5つの市は府県のおおよそ7割から8割程度の事業実施の権限を付与された。この事により1956（昭和31）年6月以降は府県と指定都市（5大都市）との対立はなくなったが、しかし大都市行政について制度改革の議論が進むことはなくなり、むしろ「妥協の産物」として誕生したはずの政令指定都市が、全国の人口大規模の一般市が目指すべき高次元の都市として位置付けされるようになっていく。一般市と異なり広域自治体である府県から相当程度の自立性を制度的に保障された大都市制度として機能する政令指定都市となることが、市長・議会・市民の大きな目標となってゆく。

２０００年代になると「平成の合併」を促すため政府は様々な具体的な促進策を自治体に提示してくる。いわゆる政府による「アメとムチ」である。最大のものが『合併特例法』である。合併特例法は１９６５（昭和40）年3月に制定されたが、２０００（平成12）年施行の『地方分権一括法』で合併特例債などが新たに盛り込まれ、市町村は大きな人参を目の前にぶら下げられた馬の如し、と揶揄された。合併に躊躇する首長がそれぞれの市町村が抱えている懸案事業が合併することによって一気に解決できるのではないか、と思わせるに足る有利な条件が提示されたのである。結果、全国の市町村は市町村合併に向かって走り始めたのである。政府は市町村合併を促進するために、人口規模の比較的大きな自治体が周辺の複数の市町村と合併することによって政令指定都市へ移行できる、とした。また市町村側も通常では政令指定都市にはなれない人口規模の都市が大合併することによって、夢であった政令指定都市に移行できると大いに合併に励ん

移行年	政令指定都市名	移行直前の法定人口（万人）	備考	
1956	横浜市	114.4	旧五大都市	
	名古屋市	133.7		
	京都市	120.4		
	大阪市	254.7		
	神戸市	97.9		
1963	北九州市	98.6	戦前からの合併構想の実現	
1972	札幌市	101.0	移行後に100万人以上となることが想定される人口85万人程度の市	
	川崎市	97.3		
	福岡市	86.2		
1980	広島市	85.3		
1989	仙台市	85.7		
1992	千葉市	82.9		
2003	さいたま市	102.4		
2005	静岡市	70.7	合併支援プランの適用	人口70万人以上の市
2006	堺市	83.1		
2007	新潟市	81.4		
	浜松市	80.4		
2009	岡山市	69.6	新合併支援プランの適用	
2010	相模原市	70.2		
2012	熊本市	73.4		

政令指定都市の変遷
（北村亘『政令指定都市』中公新書）

だのである。政府の思惑通りに「平成の合併」は進んで行ったのである。

政令指定都市は地方自治法第２５２条の19に人口50万人以上の市と明示がされてはいるが、１９５６（昭和31）年の制度の施行時には５都市（大阪・名古屋・横浜・京都・神戸）が指定された事から、人口は概ね１００万人程度が要件であると信じられてきた。それが「平成の合併」の促進策として政令指定都市に移行しやすくすることにより市町村合併を促進することにしたのである。２００１（平成13）年8月には政府の「市町村合併支援プラン」、２００５（平成17）年8月には「新市町村合併支援プラン」が発表されたが、そこには政令指定都市への移行のための人口要件は「人口70万人以上の市」まで緩和することが盛り込まれた。この人口要件の変更は合併を考えていた全国の市町村長に大きな影響を与えたのである。仮に2、3の市町村で合併を考えていた市町長がいたとして、周辺の中心都市の市長から大合併をして政令指定都市への昇格を果たそう、と声をかけられた時に果たして断ることができる市町村長はいるだろうか。多数の市町村の大型合併による複数の政令指定都市の誕生は、その他の自治体の合併に大きな影響を及ぼしたことは間違いない。あれだけ多くの自治体が合併して政令指定都市が誕生しているのに、わが町は旧態依然としたままで合併の動きがない、これでいいのかとの住民からの批判的な意見が沸き起こった自治体もあったはずである。まさに政府の目論見通りに「平成の合併」は動いていった。このような状況の中人口70万人超規模程度の政令指定都市が複数誕生した。まさに政府の作戦勝ちであった。

「平成の合併」において多数の自治体の合併によって政令指定都市となった6市を挙げる。

静岡市：2005年4月　人口70万2千人　面積1411㎢（10市町村）
新潟市：2007年4月　人口79万2千人　面積726㎢（14市町村）
浜松市：2007年4月　人口80万4千人　面積1558㎢（12市町村）
岡山市：2009年4月　人口70万9千人　面積789㎢（1市2町）
相模原市：2010年4月　人口71万8千人　面積328㎢（1市4町）
熊本市：2012年4月　人口73万4千人　面積390㎢（1市2町）

右記の政令指定都市の特徴は人口集中地区が市域の一部にしかなく、市内に山間部や農村部などを広く抱えている都市があるということである。それまでは明文化されてはいないものの、政令指定都市への要件として議論されていたはずの人口集中地区の面積割合、人口密度、都市的形態論、大都市としての風格・らしさ論、などの諸要件は一気に消え去り、平成の合併時には人口だけが政令指定都市への要件になってしまったように思える。現に浜松市、新潟市はスタート時から過疎地域（過疎債が発行可能となる地域を持つ自治体）や広大な農村部を有する政令指定都市なのである。

このように「平成の合併」は政令指定都市が持つ様々な「大都市」としてのイメージを根底から崩してしまったといっても過言ではない。全体としての「平成の合併」を進めるために、政府は政令指定都市を乱造・乱発することによって市町村合併を進めた、との批判は当たらないだろうか。「平成の合併」を促進する手段として、政府は政令指定都市を「平成の合併」を成功裡に収めるための道具にはしなかった、と胸を張っていえるだろうか。

これを機会に批判があった一般市が政令指定都市に移行するにあたり、明文化されていない要件を政府は具体的に明らかにすべきであると筆者は考える。

人口規模・財政規模だけをとっても、これだけ大きな格差がついてしまった20の政令指定都市を政府は今後どうするつもりか。これだけ多様な政令指定都市を今後一律に扱うことは難しいのではないかと筆者は考える。

近年の人口減少によって人口が１００万人未満となってしまった県が10を数える47都道府県体制をどうするのか。

47都道府県、20政令指定都市、全国の活力あふれる多様性に富んだ１７３０の一般市。そして全国の自治体の１／４を占める４５９の人口１万人未満の小規模自治体。

「平成の合併」後における地方自治体のあり様に関しては政府の責任は極めて重い、と筆者は思う。

「平成の合併」後の行政における統治制度をどう政府は構築するつもりか。「平成の合併」が終わったからと言ってこのままでは済まないはずである。「平成の合併」は全国の市町村長にとっては終着駅ではなく出発点であるからだ。いよいよ47都道府県を集約して道州制の導入に踏み込む覚悟を政府は国民に求めるべきではないか。我が国の統治制度の大転換である。

4　政令指定都市20市の現状と課題

第二次世界大戦敗戦後の我が国は復旧・復興を合言葉に国民は大いに学び働いた。人口は戦後のベビー・ブーム等もあり急増した。1947（昭和22）年の地方自治法によって特別市が制度化された年の我が国の総人口は7810万人であるが、2010（平成22）年には1億2810万人となった。経済復興により昭和30年代後半から都市部においては特に若い労働力を必要としたことから、農村部から都市部への人口流入が著しかった。若年・青年層世代は「金の卵」としてもてはやされ、上野駅においての「集団就職列車」などの風景が歳時記の一つとしてテレビや新聞で報道された時代であった。東京都の1945（昭和20）年の人口は735万5千人であったが、10年後の1955（昭和30）年には803万5千人、1960（昭和35）年には968万3千人、1962（昭和37）年には1000万人を超え、戦後20年の1965（昭和40）年には351万人増の1086万9千人となった。都市部においては豊富な若い労働者が溢れ経済の高度成長を下支えした。

1960代の高度経済成長期における道路、交通、上下水道、橋梁、公民館、集会所施設、小中学校の校舎・プール・体育館等の都市基盤整備の実施にあたり、大都市は行政的権限や財源が充分与えられていないとの不満を抱えていた。そのような中1956（昭和31）年に政令指定都市制度が制度化され5市が指定された。

20の政令指定都市の合計人口は（平成30年総務省公表数値）計2760万人であり、日本国民の約1／5が大都市である政令指定都市に居住していることになる。

20の政令指定都市の人口トップは横浜市374万5千人、次に大阪市271万4千人、3番目名古屋市229万4千人、4番目札幌市195万5千人、5番目福岡市154万人と続く。人口が100万人以下の政令指定都市は9市であるが最小人口は静岡市70万2千人、2番目岡山市70万9千人、3番目相模原市71万8千人、4番目熊本市73万4千人、5番目新潟市79万2千人、6番目浜松市80万4千人、7番目堺市83万7千人、8番目北九州市95万5千人、9番目千葉市の97万人である。また政令指定都市を抱

No	都道府県	人口	面積	都市名	指定日	人口	人口割合	面積	面積割合
1	北海道	5,304,413	83,424.00	札幌市	1972.4.1	1,955,457	36.86%	1,121.26	1.34%
2	宮城県	2,303,098	7,232.00	仙台市	1989.4.1	1,062,585	46.14%	786.30	10.80%
3	埼玉県	7,377,288	3,798.00	さいたま市	2003.4.1	1,302,256	17.65%	217.43	5.72%
4	千葉県	6,311,190	5,158.00	千葉市	1992.4.1	970,049	15.37%	271.77	5.27%
5				横浜市	1956.9.1	3,745,796	40.76%	437.56	18.11%
6	神奈川県	9,189,521	2,416.00	川崎市	1972.4.1	1,500,460	16.33%	143.01	5.92%
7				相模原市	2010.4.1	718,367	7.82%	328.91	13.61%
				小計		5,964,623	64.91%	909.48	37.64%
8	新潟県	2,259,309	12,584.00	新潟市	2007.4.1	792,868	35.09%	726.45	5.77%
9				静岡市	2005.4.1	702,395	18.85%	1,411.83	18.15%
10	静岡県	3,726,537	7,777.00	浜松市	2007.4.1	804,780	21.60%	1,558.06	20.03%
				小計		1,507,175	40.44%	2,969.89	38.19%
11	愛知県	7,565,309	5,173.00	名古屋市	1956.9.1	2,294,362	30.33%	326.50	6.31%
12	京都府	2,555,068	4,612.00	京都市	1956.9.1	1,412,570	55.29%	827.83	17.95%
13				大阪市	1956.9.1	2,714,484	30.68%	225.30	11.83%
14	大阪府	8,848,998	1,905.00	堺市	2006.4.1	837,773	9.47%	149.82	7.86%
				小計		3,552,257	40.14%	375.12	19.69%
15	兵庫県	5,570,618	8,401.00	神戸市	1956.9.1	1,538,025	27.61%	557.02	6.63%
16	岡山県	1,911,722	7,114.00	岡山市	2009.4.1	709,241	37.10%	789.95	11.10%
17	広島県	2,838,632	8,480.00	広島市	1980.4.1	1,196,138	42.14%	906.68	10.69%
18				北九州市	1963.4.1	955,935	18.63%	491.95	9.86%
19	福岡県	5,131,305	4,987.00	福岡市	1972.4.1	1,540,923	30.03%	343.46	6.89%
				小計		2,496,858	48.66%	835.41	16.75%
20	熊本県	1,780,079	7,410.00	熊本市	2012.4.1	734,105	41.24%	390.32	5.27%

（参考）

	鳥取県	566,052	3,507.00						

※数値は総務省公表の平成 30 年度決算カードによる。

決算カードは、各年度に実施した地方財政状況調査（以下「決算統計」という。）の集計結果に基づき、各都道府県市町村ごとの普通会計歳入・歳出決算額、各種財政指標等の状況について、各団体ごとに 1 枚のカードに取りまとめたものです。

※面積の単位：平方km

政令指定都市（20 市）の人口・面積の比較表
（平成 30 年度総務省公表数値を元に筆者が作成）

える府県は15府県であり複数の政令指定都市を数える府県は神奈川県、静岡県、大阪府、福岡県の4府県である。神奈川県は全国最多の３都市が政令指定都市である。20市の中、行政面積の最大市は浜松市１５５８㎢、静岡市１４１１㎢、札幌市１１２１㎢と続く。最小面積は川崎市の１４３㎢、次に堺市の１４９㎢、さいたま市２１７㎢である。

・横浜市・川崎市・相模原市（神奈川県）

神奈川県の政令指定都市は横浜、川崎、相模原と３市であるが、横浜市の人口３７４万人は47都道府県の人口（総務省公表数値平成30年度・以下人口数値は同様）と比較して、県レベルの人口では福岡県に次いで10番目に位置する。川崎市の人口１５０万人は政令指定都市の中では人口規模で7番目であるが、府県人口と比較すると47都道府県の中では鹿児島県の24番目と同様の中位となる。相模原市は周辺の4町と合併し人口が70万人を超えたことから平成22（２０１０）年4月に政令指定都市へと移行した。政令指定都市では最小の３行政区から成る。横浜市は18行政区、川崎市は7行政区である。横浜市、川崎市、相模原市の３市の合計人口は５９６万人に達し神奈川県人口９１８万９千人の64・9％にあたる。３市の歳出決算規模（平成28年度総務省公表数値・以下決算規模数値も同様）は神奈川県が１兆８４２０億円であるのに対して、３市合計で２兆７３１３億円に達し神奈川県の1・48倍である。横浜市のGDPは13兆5596億円で名古屋市とほぼ同程度である。また横浜市の人口374万人は神奈川県の40・7%である。3市ともに人口は増加しており3市合計で2年前に比して3万8千人増加した。中でも東京都に隣接する川崎市の人口増は著しい。行政面積は横浜市437㎢、川崎市143㎢、相模原市328㎢であり、3市合計の面積909㎢は神奈川県の全体面積の37・6%であるが、それでも20政令指定都市中、最大面積の浜松市1558㎢の58%である。横浜市の面積は東京都23特別区合計面積628㎢の約70%、大阪市の面積225㎢の約2倍、名古屋市の面積326㎢の約1・3倍である。川崎市の面積143㎢は20政令指定中最も小さい。

政令指定都市は府県の権限の概ね7割〜8割の権限を委譲される事から、案件によっては神奈川県議会では神奈川県の中で政令指定都市3市（横浜、川崎、相模原）の地域を除いた人口比35・1%の案件を審議することになりかねない。

しかし人口規模だけで都市力を判断できないのも事実である。

横浜市の人口は374万人、決算規模は1兆5415億円であるのに対して、大阪市は人口271万人で横浜市374万人より人口規模では100万人程少ないのにも拘わらず、大阪市の決算規模は1兆5728億円と僅かではあるが横浜市を上回っている。

どうしてこのような事になるのか。横浜市は東京都等への通勤・通学等で昼間流出人口が多く、昼夜間人口比率では神奈川県は全体として全国ワースト4位の90・3％なのである。つまり横浜市は東京都の巨大な衛星都市的・ベッドタウン的な性格を持つ大都市なのである。逆に大阪市は人口271万人であるが、周辺自治体より大阪市への昼間流入人口が多く、昼夜間人口比率は東京都に続く全国2位の105・5％である。つまり大阪市へは近隣自治体から日常的に通勤・通学者が多く存在することから、大阪市はそれらの流入者に対しても一定の行政サービスを実施する必要がある。大阪市は税金を納付していない周辺の都市住民に対して、周辺都市に代わって行政サービスを実施しているのである。否、実施せざるを得ないのである。典型的な大都市問題を大阪市は抱えている。横浜市は東京都心から30〜40㎞圏内にあり東京都心と比較して地価が安価である事から、東京都の衛星都市的・ベッドタウンとしての発展を続けて来た結果、横浜市から東京都への人口流出は毎日約30万人であり、東京都23区への通勤率は23・7％である。つまり横浜市は本来自前で手当てしなくてはならない様々な事業を、東京都を中心とした横浜市以外の府県・自治体が横浜市に代わって行政サービスを実施していることになる。横浜市が巨大な東京都の衛星都市といわれる所以であり、その意味では東京都の近隣の埼玉県や千葉県も神奈川県と同様に昼夜間人口比率は、それぞれ全国ワースト1位

87・5％、全国ワースト2位88・5％である。あまりにも東京都が突出した経済力や様々な先進的行政施設、教育施設、文化施設、スポーツ施設等を有しているからか。この点、大阪市は横浜市とは真逆の状況である。

川崎市は東京都に隣接していることから昼夜間人口比率は88・3％であり、東京都への通勤通学者の割合は41・1％にも達する。また川崎市の財政力指数は1・02と20政令指定都市中最も高く、財政的に豊かな政令指定都市と言える。

以上のように「平成の合併」が終結を見た現在、20政令指定都市においては人口規模、財政規模、予算決算規模、職員数等、保有する行政財産等において大きな格差が生じている。

このような状況を踏まえて横浜市、大阪市、名古屋市等においては20政令指定都市を今までのように一律に扱うことは、かえって政令指定都市の発展に齟齬を来す恐れがあるとの観点から、新たな大都市制「特別市（特別自治市）」の創設を国に求める発言を繰り返している。

其の主旨は横浜市を神奈川県からの包括から解消する事によって、横浜市が原則市域の地方事務の全てを担い、市民への国や神奈川県からの「二重行政の解消」と「経済活性化」を図る事、更に現行の政令指定都市制度における「不十分な税制上の措置」等を改善する事により、地域の特性に合ったきめ細かいサービスを実施して市民生活の向上を図るというものである。失われた30年と言われる我が国の停滞した状況を打破すべく横浜市・大阪市・名古屋市の地方統治制度の改革についての要望は当然の事と筆者は考える。

筆者は東京都23特別区と共に横浜・大阪・名古屋の3市を都府県の包括から外し、特別市として政府と直結すべき事を提案する（『我が国の望ましい地方分権のあり方についての考察』平成国際大学修士論文・令和2年度田中暄二）。

・静岡市・浜松市（静岡県）

静岡県は静岡市（人口70万2千人）、浜松市（人口80万4千人）の2の政令指定都市を抱える。静岡市は旧静岡市と旧清水市が合併し2005（平成17）年4月1日に全国14番目の政令指定都市となった。行政区は3。効率的な行政運営を実施するために1の行政区の規模を人口20万人程度としたとされる。静岡市は森林面積が市域の約80%を占め、政令指定都市、県庁所在地の中で最も森林面積比率が高い市である。また人口の約98%が市域の8%に満たない市街地の集中している。人口70万2千人は政令指定都市の中で最小であり人口は減少傾向にある。浜松市は2007（平成19）年7月1日に政令指定都市に移行した。行政区は7。2024（令和6）には7行政区を3行政区に移行する予定である。浜松市は自動車産業を中心とした東海工業地帯の中心地であるが、静岡市・浜松市共に政令指定都市へ移行後間もなく人口が減少傾向に陥り、2年前に比して2市合計で人口は約1万人減少した。静岡市・浜松市2市で静岡県全体人口の40・4％である。行政面積は浜松市が1558㎢、静岡市が1411㎢であり全国の都市の中で1位、2位の広さである。行政面積が1000㎢を超すのは札幌市1121㎢の3市のみである。2市ともに「平成の合併」において政令指定都市を目標に多数の市町村合併をした結果であり（静岡市は10市町村、浜松市は12市町村）、人口要件である70万人を超す事を目標として合併を実現した事から、行政面積が大きく広がる事を前提にした合併であった以上、合併後政令指定都市に相応しい適切な行政を実施することが、市街地から離れた過疎地域の住民をはじめ静岡・浜松両市市民の切なる願いであろう。

・大阪市・堺市（大阪府）

大阪府の人口は884万8千人であり2年前より1万3千人減少した。大阪府の行政面積は埼玉県のほぼ半分の1905㎢である。大阪府は大阪市（人口271万人）、堺市（人口83万人）の2の政令指定都市を抱え、2市の人口合計は大阪府の人口884万人の

40・1%を占める。堺市は2006(平成18)年4月1日に念願であった政令指定都市に移行したが2年前に比して人口は6200人減少した。堺市は市内に仁徳天皇陵等を抱え中世における自治都市は有名であり、「モノの始まりは何でも堺から」と古代からの堺の歴史を踏まえて市民は意気軒昂である。昭和30年代には早くも〝人口100万人都市〟を目指す等、当地域の中心都市を自負している。7行政区から構成されている。

大阪市は古くから海上交通の要衝地であり、西日本最大の経済・文化の中心都市であり我が国を代表する都市である。24行政区。行政面積は大阪市225㎢、堺市149㎢であるが、堺市は20政令指定都市中、面積は川崎市(143㎢)に次いで小さい。大阪市も面積は20政令指定都市中4番目に小さい。大阪市・堺市2市の合計面積は375㎢で政令都市福岡市よりやや広い程度である。面積の小さな政令指定都市を順に並べると川崎(143㎢)、堺(149㎢)、さいたま(217㎢)、大阪(225㎢)、千葉(271㎢)となる。大阪市は他の同規模面積の政令都市と比べて歳出決算額は突出して大きい。大阪市の人口271万人は横浜市の人口374万人の72・4%であり約100万人少ないが、歳出決算規模については大阪市の1兆5728億円は、横浜市の歳出決算額1兆5415億円を僅かではあるが上回っている。一方、堺の歳出決算規模は3498億円である。(決算数値は総務省公表平成28年度・以下各市も同様)大阪市は周辺都市から大阪市への通勤・通学者等で昼間流入人口が多い。即ち、大阪市は地域において中枢性・中核性の高い都市と言える。大阪市のように都市としての中核性・中枢性・拠点性が高い自治体は、昼間に市外から流入する人たちに市民と同様の多くの住民サービスを無償で提供しなくてはならない、という大都市特有の行政需要がある。

典型的な例を挙げれば〝ゴミ処理問題〟がある。2011（平成23）年3月のデータ（北村亘『政令指定都市』中公新書）によればゴミ処理施設での年間処理量は横浜市が91万5000トンに対して大阪市118万9000トンであった。定住人口では横浜市よりも100万人ほど少ない大阪市のごみ処理量の方が横浜市より多い。当然ながら処理量に比例して行政のゴミ処理経費はかかる。このように昼夜間人口比率の格差は大都市の財政問題に大きく影響してくるのである。ごみ処理については全国の自治体が3Rリユース（1度の使用で廃棄しないで何回も使用する）、レデュース（物を大切に利用しできるだけゴミ化しない）、リサイクル（物を廃棄しないで形を変えて利用する）運動で家庭から排出されるごみ量をできるだけ抑えるように努め、ごみ処理料の低減化に努めているが、まさか大阪市民が特にゴミ処理問題について行政に非協力的という訳ではあるまい。

ごみ処理量については観光地の自治体が夏季・冬季における短期間滞在型マンションから排出されるごみ処理が多量であることから、その処理料についての議論も時折マスコミに報道されている。すなわち市外からの流入者（期間限定型住民）に対して、行政サービスの経費負担についてどこまで流入者に求めるかとの問題である。

そもそも大都市（政令指定都市）は歴史的な積み重ねによって一般市よりも道路網、鉄道網などの交通網が早く充実してきた。終戦後昭和30年代までの大都市と一般市の行政格差・住民の生活レベルは大きな格差があったと筆者は思う。自治体の格差、即ち大都市と一般市との行政能力の格差が住民の日常生活の格差に繋がっていたのである。自治体間に大きな格差があるが故に、大都市には人や物や金が驚くほどのスピードにより多量に流入してきた。近年は人、物、資本に加えて「情報」が他自治体に先んじて大都市に入ってくるようになった。結果、大きな都市は更に大きくなり、より豊かになり、その事によって財政的に豊かな人々が更に大都市に集まって来る。格差をつけられた、その他の都市はますます人口が減り、資本が逃げだし、物流が停滞し、情報が入りにくくなり、活性化が失われた結果、更に財政的に貧しい都市に陥っていく。大都市とそうでない都市との行政格差がますます大きく開いてゆく。だから貧困者、障がい者等の社会的弱者といわれる人々は地方都市から大都市に移り住むようになる。社会的弱者と言われる人々は小さな自治体よりも大都市の方が救われる可能性が高いと思い込み、大都市の方が身を置きやすいと感じるのだ。小さな都市よりも多様な人々が集まる大都市には様々な立場の方々が住みやすい、身を隠しやすい空間が生じやすくなり、そこに音楽や絵画・踊り等の諸文化や芸術が生まれやすい素地が作られる。そんな大都市には外国人たちも心を寄せる、お互いが心を許しあえる空間ができるのだろうか。傷ついた心の逃げ場、救いの場が大都市にはあるのだろうか。

大都市周辺の自治体の首長は自己の自治体では実施することが困難な事業について、例えば、文化行政を実施するに必要な大規模な文化・集会施設や美術館、博物館などの公共施設の建設・運営、公式な記録として認定されるような陸上競技場や運動施設、高度の医療機器を備えた総合病院の建設・運営、高等教育機関の誘致等は財政的な理由で一般市には到底手が出ない事業であるから、大都市に任せようとする傾向にある。任せざるを得ないのである。また5大都市（大阪・名古屋・横浜・京都・神戸）側は、一般市では実現困難な莫大な事業費が見込まれる大規模事業を大都市が率先して実施すべき事業である、との自意識・プライドを持って受け入れし実施してきた。つまり全国を代表する地域の拠点都市であるとの認識・自覚・誇りが5大都市には総じてあったのだ。1956（昭和31）年に政令指定都市に移行した5大都市は、全国の自治体のリーダーとして一般市ができないことを実施するが故に政令指定都市であるとのプライドがあった。周辺の自治体に代わって政令指定都市が困難な事業を実施する事こそ政令指定都市としての矜持である、との誇りと気概を持っていた。

大都市である大阪市の例を見れば経済的に豊かな階層の人々にとって、職場は便利な大阪市内にあっても、必ずしも職場のある大阪市には定住せず、むしろ大阪市周辺の自治体に居を構える傾向にある。大阪市の周辺都市に住み大阪市内の企業に通勤するが、大阪市には定住せずとも定住者並みの行政サービスを受けることが可能であるからだ。大阪市の市民ではないのだから税金は大阪市ではなく定住している大阪市以外の周辺自治体に納める、ということになる。政令指定都市であるとのプライドと誇りが、多くの一般都市では実現不可能な大きな事業を実施するモチベーションになり得たが、しかし近年は大都市も一般市と同様に急激な少子高齢社会に突入してきている。今や政令指定都市は一般市と比しての優位性は財政面においては少なくなってきているのではないか。大都市であるとの誇りや気概が今や、逆に大きな悩みの要因になっているように筆者には思われる。

２０１２年大阪市発行の『大阪市財政の現状』（２０１２年度）によれば、「地下鉄事業乗車人員」の市外利用割合は66・４％と大阪市民より市外の人の利用の方が多い。同様に「社会教育施設利用者」（２０１１年調査）の市外利用者は66・４％、「大阪市立大学入学者」（２０１１年調査）の市外利用者は83・２％、「大阪市立大学付属病院」（２０１１年調査）の市外利用者は43・7％、「中央卸売市場搬出先」（２０１１年調査）の市外利用者は67・４％という状況にある。

大阪市は政令指定都市であるとのプライドと誇りがこのような状況を甘んじて許してきた、と筆者は考える。

しかし１９６０年代以降の我が国の高度成長時代を下支えした当時の若年層が、今や高齢者・年金受給者になり、大都市・政令指定都市においても一般市並みに、否、それ以上に急速に高齢社会が進行し貧困層・生活保護受給者といった、社会的弱者といわれる人々の存在が財政問題と関連する「大都市問題」としてクローズアップされてきている。

(砂原庸介『大阪』中公新書)

・北九州市・福岡市（福岡県）

福岡県の人口は５１３万１千人で北九州市（95万5千人）、福岡市（１５４万人）の２の政令指定都市を抱える。１９６３（昭和38）年４月に北九州地域の５市（門司・小倉・戸畑・若松・八幡）の合併によって政令指定都市・北九州市が誕生した。５大都市以外では初の政令指定都市誕生であった。７行政区である。この時点で北九州市の人口は１０４万人を数え新市名は「西京市」が有力だったが、幻となった新市名「西京市」に当時の関係者の意気込みが伝わってくる。かつては八幡製鉄所等を中心とした重化学工業が北九州市の経済をけん引してきたが、2000年代に入ると製造業の割合が減少しサービス業が大きな割合を占めるに至った。1979（昭和54）年には人口106万8千人のピークを記録したがその後は減少傾向にある。2020（令和2）年の北九州市の高齢化率は政令指定都市中最高の30・6％であった。

1972（昭和42）年に政令指定都市に移行した福岡市の人口は先行した北九州市を抜いて現在札幌市に次ぎ全国5番目である。今や福岡市は九州の行政・経済・文化の中心地であり、3大都市圏の東京・大阪・名古屋に次ぐ全国的にも豊かな経済圏を持つに至った。人口増加数、人口増加率共に政令指定都市中、最も高い。市内は7行政区である。北九州市と福岡市2市の人口合計249万人は福岡県全体の48・6％を占める。福岡県における2市の政令指定都市への人口集中度は高く、神奈川県（3市合計で64・9％）、京都府（京都市55・2％）に次いで政令指定都市中3番目（48・6％）である。決算規模は北九州市5155億円、福岡市7937億円で2市合計の決算額は1兆3092億円であり、福岡県の決算規模1兆6577億円の79％に当たる。福岡市は2年前に比べて人口が2万6千人増加した。経済成長についても福岡市は九州地区で伸びが著しい。九州全体を福岡市が牽引しているようにも見える活発な動きである。行政面積は北九州

491㎢、福岡市343㎢である。

・札幌市

札幌市は人口195万5千人で人口割合は北海道（530万4千人）の36・8％である。10行政区から成る。札幌市の人口は横浜、大阪、名古屋に次ぎ政令指定都市中全国4番目である。行政面積1121㎢は浜松（1558㎢）、静岡（1411㎢）に次いで政令指定都市中3番目に広い。20政令指定都市中、面積が1000㎢を超すのは3市だけである。北海道全体の人口は2年前に比し6万6千人減少したが札幌市は8千人余り増加した。札幌市が政令都市へ移行したのは1972（昭和47）年4月であったが、この年は川崎市（97万人）、福岡市（86万人）が政令指定都市に移行し、札幌市で冬季オリンピックが開催されている。昭和初期までは経済の中心は小樽市、函館市であったが、その後は政府の関係機関や民間の企業等が札幌市に集中した。総務省公表の決算カードによれば平成28年度の札幌市の歳出決算額は9113億円であり、名古屋市1兆599億円に次ぎ全国4位である。

・**仙台市**

仙台市は１９８９（平成元）年４月に東北６県内初の政令指定都市に移行した。５行政区から成る。人口１０６万２千人で人口割合は宮城県（２３０万3千人）の46・１％である。仙台市への人口集中度は京都市（55・２％）に次いで高く政令指定都市中２番目である。行政面積は７８６㎢で岡山市（７８９㎢）とほぼ同様である。「杜の都」と称され雑誌等のアンケートで常時上位にランクされる人気のある都市である。全国的な企業においては東北６県内では仙台に支店を置く例が多く仙台一極集中と言われる。宮城県のＧＤＰの55・５％を仙台市が占める（２０１3年・宮城県総務部）。平成28年度総務省公表によれば仙台市の決算規模は４７４３億円であり宮城県の決算規模１兆２６２３億円の37・６％である。人口規模同程度の広島市（人口１１９万人、決算規模５７２８億円）と比較すると、１０００億円ほど仙台市の方が決算規模は小さい。

・**さいたま市**

さいたま市は２００３（平成15）年４月に全国で13番目の政令指定都市に移行した。行政区は10である。

当時浦和市、大宮市は共に40万人超の人口を抱え埼玉県内でライバル同士であった。

その2市の間に埼玉県市長会長を務める与野市（長）があり、がっぷり四つの大相撲に例えられ「合併は無理、絶対不可能」と言われながらも合併することができたのは３人の市長の高い見識、将来を見据えた3市議会のバックアップと理解があったればこそ、の合併成就であった。この困難といわれた政令指定都市・さいたま市が3市合併により誕生した事が、その後埼玉県内の市町村の「平成の合併」が促進された大きな原動力になったと筆者は思う。さいたま市の誕生は埼玉県内でそれまで合併について優柔不断の態度であった首長たちの背中を押し、埼玉県民の市町村合併への関心を高めたのである。

そもそも埼玉県内における当該地区の自治体の合併構想は１９２７（昭和２）年頃に自治体の体質強化を目的に何度も論議が繰り替えされて来たといわれるが、政令指定都市さいたま市誕生に至る直接的なキッカケとなったのは、１９８９（平成元）年に旧国鉄大宮操車場跡地に東京都に集中している政府の諸機能を分散させるため、大宮関東財務局など国の10省庁17機関が移転する「さいたま新都心」の建設が決まったことにあった。当時この政府機関の移転先については神奈川・千葉・多摩など猛烈な誘致合戦があったが、埼玉県に決まったのは当時の畑和知事が新都心のエリアが3市に分割されていては何かと不都合である、との政府の意向を受けて、3市合併を誘致条件として国に約束したことに起因する事にあった。つまり3市が合併して一つの自治体になることは国の省庁移転決定時の埼玉県と国との約束事であり、政令指定都市さいたま市誕生は新都心建設という中央政府の要請に基づくものであった。それだけに合併に至るまでの3市の主導権争いは凄まじいものがあった。途中上尾市・伊奈町を含んだ4市1町構想（YOU&Iプラン）が登場したり、有力市議会議員の市議会議長選挙に係る汚職事件が発覚した時には、3市の合併破綻を覚悟した人も多かったのではないか。

さいたま市の人口は130万2千人であり埼玉県（737万7千人）における人口割合は17・6％である。20政令指定都市の中で府県における人口の集中度としては低いのが相模原市（7・8％）、堺市（9・4％）、千葉市（15・3％）であるが、さいたま市はこれら3市に次ぎ4番目（17・6％）である。埼玉県内には人口規模が比較的大きな自治体数が多いこと、また全国一の40市があることがその理由である。さいたま市の行政面積は217㎢であり政令指定都市中、小さい方から川崎市（143㎢）、堺市（149㎢）に次ぐ3番目であり大阪市（225㎢）とほぼ同じ面積である。また首都東京に近接していることから、さいたま市の昼夜間人口比率は低く（90・9％）、市内の通勤・通学者74万7千人の内、東京都23特別区等への勤務・通学者は17万5千人（23・5％）にも及ぶ。

総務省公表平成28年度決算規模に依ればさいたま市は4522億円であり、仙台市4743億円に次いで20市中12位である。人口規模同程度の広島市（人口119万人、決算規模5728億円）と比較すると、さいたま市の方が1200億円ほど少ない。

・千葉市

千葉市は1992（平成4）年4月に政令指定都市に移行した。6行政区。人口は97万人で千葉県（人口631万1千人）における人口割合は15・3％で、人口集中度は相模原市（7・8％）、堺市（9・4％）に次いで3番目の低さである。千葉市の昼夜間人口比率は97・1％であり20政令指定都市6番目に低い。千葉市の行政面積は271㎢で小さい方から川崎市（143㎢）、堺市（149㎢）さいたま市（217㎢）、大阪市（225㎢）に次いで5番目である。行政面積が300㎢未満の政令指定都市は以上5市のみであり、300㎢台の指定都市は名古屋市（326㎢）、相模原市（328㎢）、福岡市（343㎢）、熊本市（390㎢）の4市である。人口規模で近いのは北九州市（人口96万人、決算規模5155億円）であるが、千葉市と比較すると千葉市の決算規模は約4006億円であるので約1150億円千葉市の方がすくない。

・新潟市

新潟市は人口79万2千人、行政面積726㎢で人口割合は新潟県人口（225万9千人）

の35・9%を占める。2001（平成13）年以降、新潟市は近隣の14市町と3度の合併を経て2007（平成19）年4月に念願であった日本海側初の政令指定都市となったが、2年前の人口と比べて減少となっている。8行政区から成る。

政令指定都市移行後間もない2011（平成23）年1月25日には、当時の泉田新潟県知事と篠田新潟市長が会見で新潟市を東京都23区のような特別区に移行し、県内他市町村も合併を進めて人口が30万人程度の基礎自治体とする新潟州への移行構想が発表された。

当時は道州制議論が盛んで様々な団体や組織から独自の構想が発表されてはいたが、現職の新潟県知事と新潟市長との会見での構想発表は話題を呼んだが、具体性に欠け唐突の感があった。筆者には二人の政治ショーのように感じられた。

「平成の合併」時の2005（平成17）年以降、政令指定都市に移行した静岡市、堺市、新潟市、浜松市、岡山市、相模原市、熊本市は、人口70万人超で政令指定都市に移行したが、「人口100万人以上の府県の中心都市」であるとの、それまでの政令指定都市のイメージを一変させた。道路網や鉄道網の充実によって通勤圏や住民の日常生活圏が居住する自治体の境界を越えて行動範囲が拡大した結果、一日の大半を居住地では無い近隣の大都市で過ごしているにも拘わらず、周辺の他市町村の住民である、との理由をもって大都市の住民と同様な住民サービスを受けられない、との不満が大都市周辺の比較小規模の自治体の住民にはあったとされる。この事が大都市周辺の比較小規模の自治体住民が大都市との合併に同意した理由と言われる。現在大阪市に典型的に見られる〝大都市病〟の真逆の状況であり筆者には興味深い。

新潟市と同様に面積が７００㎢台の指定都市は他に仙台市７８６㎢、岡山市７８９㎢がある。

決算規模は３５４１億円である。人口規模が近い浜松市（人口80万人、決算規模２９５０億円）よりも約５９０億円新潟市の決算規模が大きい。

・名古屋市

名古屋市は人口２２９万４千人を数え政令指定都市中、横浜市、大阪市に次いで３番目の人口規模であり16行政区である。愛知県（人口７５６万５千人）人口の30・３％を占め中京地区随一の都市。歴史的にも今日まで我が国を代表する産業の集積地であり、このエリアを代表する経済・行政・文化・教育等の中心都市である。行政面積は３２６㎢で大阪市より約１００㎢広く20政令指定都市中６番目である。東京都23特別区の合計面積は６２８㎢であるから名古屋市の面積は東京23都区全体面積のほぼ半分程度である。

総務省平成28年度公表カードによれば名古屋市の決算規模は1兆5９９億円であり、政令都市20政令指定都市中、大阪市、横浜市に次ぎ第3位である。名古屋市周辺には名古屋市を囲むように多くの自治体が存在する。後発の政令指定都市が指定都市への移行を目標に周辺の複数の町村との合併によって人口と行政面積が増えていったのと好対照である。筆者は名古屋市の持つ伝統的な物づくりを中心とした産業の集積・都市力を今の圏域内に閉じ込めておいてはならないと考える。道州制・特別都市州を導入することが名古屋市を中心とした中京地区を、日本を更に発展させるけん引力となると考える。

筆者は失われた30年という言葉に代表される我が国の閉塞感漂う現状を打破するためには、約１３０年間にわたり続いて来た47都府県体制を廃止して、人口２００万人超の名古屋市を愛知県から包括されない特別都市州に横浜市、大阪市、東京都23区とともに移行すべきと考える。

世界の大都市においては今や政府と直結する統治構造は多くの国家に見られる。

・京都市

京都市は人口が１４１万2千人であり京都府の人口２５５万人の55・２％である。政令指定都市中で府県の人口比が50％を超すのは京都市だけであり、京都市・京都府の大きな特徴である。京都市は行政面積８２７㎢であり大阪市（２２５㎢）の３・６倍、名古屋市（３２６㎢）の２・５倍、東京23都特別区（６２８㎢）の１・３倍である。京都市は人口が２年前に比して６千人減少している。11行政区からなる。京都市は太平洋戦争での戦災被害が５大都市の中では最小であったから、戦前戦後においても人口の増減は他の都市のような大きな増減はなく現在に至っている。京都市は我が国を代表する古都であり、多くの神社仏閣が存在し文化的にも我が国の貴重な建築物等が多数あるがために、それらの保護を目的に都市開発についても制限を課せられることが多い。そのような事から、市町村自治体の歳入の柱である固定資産税の徴収増の困難さ、人口増の難しさを含めて近年の京都市の苦しい財政事情がある。

平成28年度の総務省公表によれば京都市の決算規模は６９７０億円であるが、人口規模が近い川崎市（人口１４７万人、決算規模６０６９億円）と比較すると約９００億円京都市の方が大きい。このような京都市が持つ特別な事情による財政的な困難さの解決策・緩和策としても道州制を導入し、京都エリアの地域を拡大し、財政力を強化すべきと筆者は考える。

・**神戸市**

神戸市の人口は153万8千人で兵庫県人口（557万人）の27・5％である。兵庫県の人口が2年前に比して3万6千人ほど減少する中、神戸市も2年前よりも8千人減少した。神戸市の行政面積は557㎢で大阪市と堺市の合計面積の1・48倍である。神戸市は9行政区である。

1947（昭和22）年5月施行の地方自治法の中に「特別市」制度に関する規定が盛り込まれた。この地方自治法では戦前からの人口100万人都市である横浜、名古屋、京都、大阪、神戸の5大都市を念頭に置いて、府県からの完全独立を認めることを想定していたにも拘わらず、地方自治法で法定化された人口要件は50万人以上とされた。5大都市以外で人口50万人以上の都市が仮にも特別市への移行を要望した時に、政府としてこの要望を退けるのは厄介なのは明らかであった。しかし、それにも拘わらず人口が100万人以上でなく50万人以上と法定化がされたのには、第二次世界大戦の後遺症に悩む神戸市への配慮があったからとされる。（北村亘『政令指定都市』中公新書）

すなわち1939年には神戸市は東京市、大阪市、名古屋市に次ぐ100万人都市に成長していたが、第二次世界大戦では逆にこのことが災いして神戸市の港湾施設、工場施設が米軍の爆撃対象となり当時の5大都市の中で最悪の戦災被害となり、1945年当時神戸市の人口は38万人と大きく減少し、戦後1947年の段階でも人口は61万人でしかなかった。この神戸市への配慮から政府は人口要件を低めの50万人に設定せざるを得なかった、という。

平成28年度総務省公表決算カードによれば、神戸市の歳出決算額は7439億円で20政令都市中、福岡市7937億円に次いで6位である。

・岡山市

昭和30年代に当時の岡山県知事が提唱した「岡山県南百万都市建設構想」は岡山県南の岡山市・倉敷市を中心とした大規模な市町村合併により、当時の6大都市（東京・横浜・名古屋・京都・大阪・神戸）に次ぐ政令指定都市を目指すものであった。2009（平成21）年4月1日に中国四国地方では広島市に次ぐ2番目となる政令指定都市・岡山市が誕生した。岡山市は人口70万9千人であり岡山県人口191万1千人の37・1％である。4つの行政区からなる。岡山市の人口は20政令指定都市中最小である。岡山市のキャッチ・フレーズは〝晴れの国おかやま〟であるが、全国の県庁所在地の中で降雨量が最小の自治体である事がその理由である。行政面積は789㎢で仙台市の面積（786㎢）とほぼ同じである。人口は2年前と比して600人程度の増であり横ばいである。

人口同規模の静岡市（人口約70万人・決算規模２７７０億円）と比較して、決算規模もほぼ同額の２７８９億円である。

・広島市

広島市は我が国が１８８９（明治22）年に市町村制を施行した当時の30市の中の１つであり、以来今日まで中国・四国地方で人口最大規模の都市である。また広島市は京阪神と福岡都市圏のほぼ中間に位置していることから官・民の支店等の立地が盛んである。１９８０（昭和55）年４月１日に全国10番目の政令指定都市になった。８行政区。

広島市の人口は１１９万６千人で広島県人口（２８３万８千人）の42・１％を占め、政令指定都市中、さいたま市に次いで多く10番目である。行政面積（９０６㎢）は神奈川県の３つの政令指定都市の合計面積（９０９㎢）にほぼ匹敵し、20政令指定都市中４番目の広い面積を持つ。広島市は３Ｂの街と言われるが、それは地下鉄が無いためにバス路線が多い事、全国的な企業の事業所はあるものの支店が多い事、デルタ地域に町が発展したため橋の数が多い事、がその理由とされる。人口は２年前に比して２２００人増である。広島市の決算規模は５７２８億円で、決算規模４５２２億円のさいたま市と比較すると１２００億円ほど多い。

・熊本市

熊本市は人口73万4千人であり熊本県人口（178万人）の41・2％を占める。福岡市、北九州市に次ぎ九州で3番目の人口規模であり、九州では3番目の政令指定都市である。20政令指定都市中、府県との人口比が40％を超えるのは他に京都市（55・2％）、仙台市（46・1％）、広島市（42・1％）、横浜市（40・7％）の5市のみである。熊本市は2012（平成20）年4月1日に政令指定都市になり「平成の合併」時の最後の指定都市であり5行政区からなる。地下水源が豊富な事で有名である。行政面積（390㎢）は福岡市より1割方広い。決算規模は3648億円であり、人口規模・決算規模を人口規模の近い相模原市（人口約71万円、決算規模2501億円）と比較すると、熊本市の決算規模は相模原市の決算規模の145％である。

以上、20政令指定都市を主に人口・行政面積・決算規模の面から概観したが、20政令指定都市中、2年前の人口規模と比較して人口が減少した市は新潟、静岡、浜松、京都、堺、神戸、北九州の7市である。いうまでもなく政令指定都市はそれぞれの府県を代表する都市であるが、その地域の中心都市をもってしても人口減少に歯止めをかけることができない、との事実は今後の地方自治、我が国の発展を考えた時に憂慮すべき状況である。また人口が増加しているといっても横ばい程度である政令指定都市が複数あることから、近いうちに政令指定都市の中でも人口減少傾向に向かう都市が更に増えていくことが懸念される。

昭和・平成時代に高速道路網が日本全国に張り巡らされ、広域的な都道府県道路、日常生活に必要不可欠な市町村道の充実は自動車の一般家庭への普及とともに、国民の日常生活を一変させ、伴っての行動範囲を大きく拡大・変容させた。同様に新幹線の北海道、北陸、九州等への延伸は国民の行動範囲を飛躍的に拡大させ、様々な事業の仕組みを大きく変えた。

我が国のＧＤＰが米国に次いで世界第2位となった、との驚くべき喜びのニュースを耳にしたのは、あの１９６４年開催の東京オリンピックが終了して間もなくの１９６８（昭和43）年であったが、それから40数年後の２０１０（平成22）年に、まさか中国にＧＤＰで抜かれるとは思いも寄らなかった事であった。昭和40年代、昭和50年代においては米国を中心とした諸外国から批判されるほどの日本の高度経済成長が続き、東京オリンピック１９６４（昭和39）年、大阪万博１９７０（昭和45）年等の国際的なビッグ・イベントの主催国等を経験する中、我が国の国民生活は戦後間もない頃とは比較にならない程豊かになり、その豊かさ故に国際社会の中の日本国を大いに意識し、日本人である事の自信・誇りにも繋がっていった。

平成時代になるとグローバル時代に突入し世界中の様々な物資がいち早く日本に入ってくるようになり、一部の低開発国の例外はあったものの、世界中の人々が一定の豊かさを手に入れることができるような社会となった。世界中に物と人が自由に行き交うことができる社会は、こんなにも貧富の差が縮小し世界中の人々を豊かにする、ということを世界中の人々が実感した。平成時代は経済の低成長、少子高齢化の進行、価値観の多様化等が静かに進行する中、我が国は皮肉なことに迂闊にも成熟社会を満喫していたのである。この間、今まで日本では当たり前のことと認められた事が、世界では当たり前でなくなってきているのではないか。今まで日本では正当と思われていたことが、世界では評価されなくなってきているのではないか。いつの間にか日本の基準が世界の中では正しい事として認められなくなってしまったのではないか。

２０２３（令和５）年10月25日読売新聞朝刊によれば、国際通貨基金（ＩＭＦ）の最新予測では２０２３年の日本の名目ＧＤＰはドルベースで前年比０・２％減の６３３兆円となり、人口が約２／３のドイツに抜かれ４位に転落するという。コロナ禍前の２０１９年と比較して２０２３年のＧＤＰは米国が26％プラス成長、中国が23％プラス成長、ドイツが14％プラス成長が見込まれるのに対して、日本は円安の影響もありマイナス17％成長であるとの事。２０２３年の名目ＧＤＰを比較すると米国は日本の６・４倍、中国は4倍強であり日本は、もはや中国の背中さえ見えない状況であるとの読売新聞記事である。

このような中、20政令指定都市中で人口トップは横浜市３７４万人であり人口は尚増加している。府県レベルと比べても横浜市は静岡県を上回り府県の10位に位置する。横浜市は東京都への通勤者、学生の住居等、若者の受け皿的な機能も有している都市であるから今後も人口増が見込まれる。横浜市の人口は2位の大阪市を１００万人超上回っているから横浜市の人口全国トップの座は当分の間続きそうである。

政令指定都市の人口規模2位は大阪市（人口２７１万人）であるが１９６５（昭和40）年にはピーク３１６万人を記録している。大阪市の人口は府県レベルと比べると京都府よりも多く、人口規模は府県レベルの中では13位に該当する。大阪市の人口と3位の名古屋市との人口差は40万人程度大阪市のほうが多い。

政令指定都市中人口規模第3位は名古屋市２２９万人である。府県人口レベルとの比較では15位新潟県とほぼ同程度である。名古屋市は中京地区を代表する都市であることから今後も穏やかな人口増が見込まれる。指定都市中人口第4位は札幌市１９５万人である。府県レベルで人口が２００万人程度の人口は長野県２０９万人、岐阜県２０３万人、栃木県197万人、群馬県197万人、岡山県192万人、福島県191万人である。府県人口と比較すると札幌市は19位群馬県に相当する。指定都市中、福岡市人口154万人、神戸市人口153万人、川崎市人口150万人、京都市人口141万人は府県人口との比較では24位鹿児島県の人口164万人とほぼ同レベルである。さいたま市人口130万人及び広島市人口119万人は府県の人口と比べて、沖縄県人口143万人、滋賀県人口141万人、山口県人口140万人、愛媛県人口138万人、長崎県人口137万人、奈良県人口136万人、青森県人口130万人に比べて若干少なく、府県レベルでは32位に該当する。仙台市人口106万人は20政令指定都市中では11位であるが、府県人口レベルとの比較では宮崎県人口110万人とほぼ同レベルの人口で府県レベルでは37位に該当する。千葉市人口97万人、北九州市人口95万人、堺市人口83万人、新潟市人口79万人、浜松市人口80万人、熊本市人口73万人、相模原市人口72万人、岡山市人口71万人、静岡市人口70万人の9市は、既に人口減少傾向にある。

都道府県中人口100万人未満の都道府県は既に9県を数え、今後全国的な人口減少傾向が続くことから、政令指定都市と人口規模を競う県が増えることが見込まれる。

東京都特別区23区内の人口は合計で957万人であり神奈川県の総人口912万人を上回っている。東京都区内人口957万人は東京都全体人口1382万人の約70％である。

5　東京都特別区23区

・東京都23特別区の人口・面積

東京都23特別区の地域は、かつての東京市のエリアであったから区の面積が小さいのはその影響であるが、それにしても行政組織の一翼を担う基礎自治体としては都の特別区の行政面積は小さすぎると筆者は考える。東京都23特別区は地方自治法第1条の3項【地方公共団体の種類】により特別地方公共団体である。23特別区中、面積が10㎢～20㎢未満が11区、20㎢～30㎢未満が3区、30㎢～40㎢未満が3区、40㎢～50㎢未満が3区、50㎢以上が2区である。この面積の狭さでは各々の区民は行政圏域を超えて日常的に相互に、通勤、通学、買い物、公共施設の利用等をしているのではないか。東京市時代の行政区の時とは違い東京都の23特別区は基礎自治体であるから、区独自の政策を区民から求められても事業によっては実施困難ではないだろうか。近隣の特別区と似たような事業になりかねない、ならざるを得ない傾向にあるのではないか。又行政面積の狭さからくる特別区の事業実施の限界などはないのだろうか。

東京都23特別区全体では628㎢の面積であるが、それに近い行政面積を持つ政令指定都市の神戸市557㎢、新潟市726㎢と比較して、東京都23特別区の夫々の区の行政面積の狭さは同じ目的の行政施設が区毎に在る、ということに成りかねず、東京都全体としては、結局は二重、三重の行政投資となり、行政経費の無駄にはならないのだろうか。都民・区民の「受益と負担」の原点に返り、東京都23特別区の区割を見直す（合区）べき、と筆者は考える。

東京都の歴史を振り帰る。

・1992（大正11）年10月（高橋是清内閣）
「6大都市行政監督に関する件」が公布され6大都市（東京、大阪、名古屋、横浜、京都、神戸）では市で執行する国務事務の一部について府県の許認可が不要とされた。

・1931（昭和6）年3月（浜口雄幸内閣）
6大都市の市長会議と市議会議長会が府県から6都市を分離・独立させる特別市制の建議を行う。

・1943（昭和18）年7月（東条英機内閣）
戦時体制構築の一環として東京府と東京市を統合して「東京都」が施行され

る。

・1945（昭和20）年8月15日　第二次世界大戦の終戦

・1945（昭和20）年11月（幣原喜重郎内閣）

5市長の連名で府県から5市（大阪、横浜、名古屋、京都、神戸）を分離・独立させよ、との要望書を連合国軍総司令部及び内閣に提出。

・1946（昭和21）年11月（吉田茂内閣）

5市長名で「特別市制法案（暫定）」を共同発表した。

・1946（昭和21）年12月（吉田茂内閣）

地方制度調査会から答申がなされる。答申の中で都道府県や市町村への内務大臣の一般監督権の廃止とともに「特別市」の導入を盛り込むべきであると論じている。この答申では「地方自治の本旨」を定める日本国憲法の公布前後の大都市制度に対する中央政府の方針が明確になっている。筆者はこの答申は画期的であると考える。

・1947（昭和22）年5月（吉田茂内閣）

日本国憲法の発布、地方自治法の施行。

「地方自治法」の中に横浜、名古屋、京都、大阪、神戸の5大都市を念頭に置いた府県からの完全独立を認めることを想定した「特別市」の規定が盛り込まれた。特別市は都道府県の区域外とされ、法令で特別の定めがない限りは「都道府県及び市に属する事務を処理する権限を有する市」であり人口50万人以上の市を法律で指定することになっていた。

・1956（昭和31）年6月（鳩山一郎内閣）
特別市の規定が地方自治法から削除され旧5大市（横浜、名古屋、京都、大阪、神戸）だけを念頭に置いた252条の19以下の「大都市に関する特例」が盛り込まれた。

・1956年9月（鳩山一郎内閣）
大都市制度が発足し5都市の政令指定都市が誕生した。この地方自治法改正案の審議中の政府答弁に大都市制度は「検討中の府県制度の抜本的改革」の中で改めて議会で審議される事とされた。

政令指定都市制度が誕生した時の人口は横浜市（114万人）、名古屋市（134万人）、京都市（120万人）、大阪市（255万人）、神戸市（98万人）であった。当時東京都23区の人口最大は大田区の人口57万人であり福岡市は当時既に人口50万人を超してはいたが、東京都の行政区である大田区よりも人口が少ない政令指定都市はありえないとの考え方があり、何よりも当時として、政令指定都市は旧5大都市のみを対象とした制度である、との認識だったという。確かに当時、大田区は東京都の行政区であり区長は東京都知事の任命であった事から、その行政区よりも人口が少ないという事では、当時の福岡市の政令指定都市への移行は話にならない話であったと思われる。

これまで見てきたように20政令指定都市間には人口、決算額等から大きな格差があり、今後の日本の発展を考えた時には20政令指定都市を一律に扱うことはできないと筆者は考える。

かつてのように日本が強い経済力を誇り、世界に大きな影響力を持つよう再生するためには、大都市に大いに活躍してもらう必要がある。今や現在の統治構造ですべてを国家が仕切ることはできない時代になっていると考える。

先進諸外国の例を見ても国家の地方統治構造においては、国家の広域自治体への過度の関与を排して広域自治体の自立・自律・独立性を認める中、大都市が世界の国や都市と伍して様々な活発な活動している国家が幾つもあるではないか。

我が国は明治、昭和、平成の3回の市町村合併を実施し、明治21（1888）年の市町村合併では7万1314あった全国の市町村数を明治23（1889）年には約1／5の1万5859に減少させた。明治新政府の方針を全国の市町村を通じて全国民に迅速に、正確に、一律に伝達する、との明治政府の目的は達成されたのである。昭和の市町村合併では我が国は敗戦から、あの廃墟の中から復興を目指し官民ともに立ち上がり、昭和28（1953）年に9868であった全国の市町村数が昭和36（1961）年には3472となり約1／3に減少させた。

一方、現在の都道府県体制は明治22（1889）年に制度化されて以来今日まで、その在り方についてはたびたび論議の対象になったものの一向に変わることなく現在に至っている。

筆者は現在の47都道府県体制を道州制（9道州＋4特別都市州）に改革することにより国から市町村への過度の関与を排除し、地方分権時代に相応しい道州と市町村への統治構造改革を実施し、以て国際的にも我が国の名誉ある地位を回復すべきと考える。

参考文献

1　総務省「令和2年国勢調査」令和4年7月22日

https://www.stat.go.jp/data/kokusei/2020/kekka.html

2 総務省　報道資料『平成の合併』についての公表平成22年3月5日
https://www.soumu.go.jp/gapei/pdf/1003111.pdf

3 総務省公表 統計資料

4 総務省公表 統計資料　平成28年度

5 総務省公表 統計資料　平成30年度

6 総務省公表28年度決算カード

7 東京都統計局 公表資料

8 横浜市政策局公表 統計資料　令和4年度

9 横浜市ホームページ２０２３年3月

10 読売新聞　２０２０年11月2日朝刊1面「都構想反対」

11 産経ビズ「指定都市市長会『特別自治市』の早期実現を提言へ２０２０年11月９日

12 『ポケット六法』（有斐閣・令和2年度版）

13 『政令指定都市』（中公新書・北村亘）

14 『大阪』（中公新書・砂原庸介）

15 『日本の地方政府』（中公新書・曽我謙悟）

16 『道州制』（ちくま新書・佐々木信夫）
17 『この国のたたみ方』（新潮新書・佐々木信夫）
18 『道州制ハンドブック』（ぎょうせい・松本英昭）
19 『地域主権型道州制』（ＰＨＰ・江口克彦）
20 『道州制で日本の府県が消える』（自治体研究社・村上博他）
21 『道州制で日本の未来はひらけるか』（自治体研究社・岡田知弘）
22 『我が国の望ましい地方分権のあり方についての考察』（平成国際大学大学院修士論文・令和2年度・田中暄二）
23 「指定都市の拡大・多様化と税の地域格差」（自治総研通巻３９１号・青木宗明）
24 「昭和20年・30年代の道州制論議」（松谷芙佐子）
25 「都道府県の再編成と道州制の可能性」（磯崎初仁）
26 「道州制ビジョン：東京圏をどうするのか」（財団法人東京市政調査会・西尾勝）
27 「大都市制度の改革及び基礎自治体の行政サービス提供体制に関する答申」（自治総研通巻４１８号・地方制度調査会・西尾勝）
28 『新久喜市誕生の軌跡』（久喜市・平成23年3月）
29 「合併10年の効果と問題点―久喜市政の回顧」（平成国際大学大学院・令和元年・田中暄二）

30 「大都市制度改革の経緯と動向」（名古屋市・平成30年）

31 「大阪市財政の現状」（大阪市・２０１２年）

第三章　大阪都構想と大都市

1　大都市としての大阪市の歴史

１８８８（明治21）年に近代的統治制度としての市制・町村制が制定された。明治新政府が発足して約20年後に、懸案であった地方制度がいよいよ導入されたのである。この時に市として指定されたのは31市であったが、東京市、大阪市、京都市の３市は歴史的にも我が国で中心的な都市であり、多くの人口を抱えているとの理由から３市は各々が東京府、大阪府、京都府の直轄となり、官選の府知事がそれぞれの市長を兼務していた。しかし３市側から猛反発があり、この官選市長制度は市制・町村制の施行10年後の１８９８（明治31）年には廃止となった。

１９１０（明治44）年代以降は地方から都市への流入者の増加が続き、その結果都市内においては急激な人口増、交通問題、雇用問題、劣悪な住居環境、貧困、流行性疾病等の社会不安等の所謂都市問題が大きな行政課題となってきた。

１９１４（大正３）年に勃発した第一次世界大戦は大阪市及び周辺自治体地域の工業化を飛躍的に高めた。この間工業生産額は大きく伸び、機械、化学といった重化学工業が成長したが、負の側面として公害問題を大阪にもたらしたのである。（砂原庸介『大阪』中公新書）

大阪市周辺の自治体では一部地域において財源不足から充分な行政対応ができずにいた。そこで、大阪市は周辺地域との一体的な都市計画事業を進めるために１９２５年に東成郡・西成郡を含んだ第2次市域拡張を実施した。つまり大阪市は隣接する大阪市周辺の財政力・行政力の脆弱な自治体を合併する事によって、周辺の自治体の諸問題を対応・解決していったのである。この大阪市の事例のように市域拡大を続ける大都市においては府県からの過度の監督・干渉を受けることに対する不満は大きく、１９１０年〜１９２０年代には6大都市（東京・大阪・名古屋・京都・神戸・横浜）によって権限の拡大を求める運動、即ち「特別市制」の実施を求める運動が起こった。主な要求としては大都市を府県の包括・権限から外して独立し、大都市の公選市長に警察権を含む行政執行を委ねよ、というものであった。１９１０年代の特別市運動はこのように大都市が国に対して地方分権を迫るものであった。

１９２３（大正12）年に発生した関東大震災後の復興過程で東京府の郡部の人口増加は東京市内の増加よりも著しく、１９３２（昭和7）年に東京市は周辺の財政力・行政力の脆弱な5郡82町村を市域に編入する事で大東京を完成させている。東京市の市域拡張の背景には大阪市と同様に郡部での人口増があったものの、それらの自治体においては都市計画実現のための充分な財源が確保できず窮迫状態に陥っていた町村が多かったためである。この東京市の市域拡張の結果、東京府の中に占める東京市の人口は92％、府税収入の東京市の負担は96％にもなった。あたかも東京府イコール東京市のような状況であった。

この時期に東京市が市域拡張を実施したことは素晴らしい判断であった、と筆者は考える。この時代の適切な判断がその後の東京の一体的な発展に繋がったと考える。一方、この時代の大阪市の市域拡張は充分とは言えず、この時の東京都と大阪との対応の差が現在の東京都と大阪市・大阪府との大きな差に繋がった一因と筆者は考える。

1943（昭和18）年には第二次戦時下の中、東京市が消滅する形で東京都制が実施される。この事により特別市運動は戦時体制下でもあり運動の終焉を迎える。

1956（昭和31）年の改正地方自治法によって「政令指定都市制度」が導入され、5大都市は府県内に留まる一方で府県側から特例的な権限移譲を受けることとなった。

大阪市の公害対策が本格化するのは1963（昭和38）年の総合計画局公害対策部として組織化されてからである。しかし当時は公害対策は遅々として進まなかった。その大きな原因は実効的な権限は大阪府にあったが、大阪府は産業振興を重視しており、市民からの苦情を受けて公害対策を進めようとする大阪市との間で意見の対立や権限を巡っての意見の相違があったとされる。住民にとって身近な基礎自治体である大阪市と広域自治体である大阪府が持つ、行政的な体質の違いを筆者は感じる。基礎自治体はいつの時代にあっても広域自治体よりも住民の動きには敏感である。敏感にならざるを得ないのである。このように公害問題は大都市において深刻化していったが、1970（昭和45）年の国会において法的な整備が進み、大都市においての公害対策にようやく法的裏付けを与えることになる。当時は窮乏する農村地帯に関心を傾けがちな国に代わって、大都市問題の解決のために大阪市は日本の都市行政をリードしてきたのであった。この時代の大阪市の動きはもっと評価されていいと筆者は考える。

1960（昭和35）年以降、高度経済成長期に入ると単一の市町村、単一の府県レベルでは解決が難しい行政問題が生まれてきた。経済格差や公害問題、都市計画がその代表的な事例である。高度経済が進展するという事は47都道府県の中での経済格差、全国の市町村間においての様々な格差が拡大し顕在化する事を意味する。様々な格差は時と場所を選ばないし、そのことは今も昔も同じである。地域間の経済格差が拡大するに伴って行政サービスについて全国的な公平性・平等性・統一性を求める声が大きくなってきたのは当然の事である。結果として「広域行政」の考え方が広まっていった事については、筆者は理解できる。つまりその地域の中心都市が周辺の比較的小規模の自治体と連携、協議していきながら共同で事業推進を図り、以って行政サービスの画一化・平等性を図るという方法である。
1965（昭和40）年の第10次地方制度調査会答申（佐藤栄作内閣）では47都道府県の自主的な合併を推進するための「府県合併」が盛り込まれ、合併の規模・条件・方式について取りまとめられている。それら答申を受けて1966（昭和42）年には「都道府県合併特例法案」が政府提案で国会に提出されている。

代表的な大都市は政令指定都市であるが、20指定都市の中で行政面積が300㎢に満たない市は5市である。最も小さい市は川崎市（143㎢）で、次に堺市（149㎢）、さいたま市（217㎢）、大阪市（225㎢）、千葉市（272㎢）と続く。つまり大阪府内の大阪市、堺市は、ともに他の政令指定都市と比べて面積は小さな都市である。主な指定都市の行政面積は横浜市（437㎢）、名古屋市（326㎢）、京都市（827㎢）、神戸市（557㎢）、福岡市（343㎢）等である。また東京都23特別区の合計面積は628㎢である。

大阪市は行政面積（225㎢）が小さいが故に、周辺自治体の人口があたかも大阪市の衛星都市のように増加した結果、大阪市の昼間人口は夜間人口に比して100万人を超える状況（令和2年度国勢調査令和4年7月）となり、大阪市は周辺自治体からの貧困層の流入、生活保護家庭の増大、道路網・交通網の整備、文化・体育施設の建設等に伴う財源問題等に直面する事になり、大都市としての行政負担や課題を抱えていった。大阪市に隣接する10市の合計面積は約３８０㎢、人口合計は約２５６万人（豊中市36万８千人、吹田市25万９千人、摂津市６万人、守口市18万４千人、門真市14万１千人、大東市９万３千人、東大阪市50万人、八尾市22万７千人、松原市11万１千人、堺市61万６千人）である。この10市合計の１９６０年～１９６５年の５年間の人口増加率は47・４％にも達した。また１９６５年～１９７０年の５年間の10市の合計人口増加率は29・８％であった。凄まじい人口増加率と言える。因みにこの間の大阪市の人口増加率はそれぞれ４・８％増、５・６％減であった。（砂原庸介『大阪』中公新書）

大阪市と隣接10市の合計行政面積は約５８３㎢、人口は５５４万人であり、この合計面積は京都市（８２７㎢）には及ばない。また大阪市と堺市の２つの政令指定都市の合計面積は３７５㎢、合計人口は３５３万人である。このように大阪市と周辺自治体は行政の境界が明確に分からないくらいに急激に人口増が進み、住宅地が大阪市外に広がっていったのである。いわゆる大阪市のスピルオーバー現象を呈している。このような状況においては、本来であれば大阪エリアは多くの自治体に分かれてバラバラに行政統治を行うのではなく、一つの自治体として一体的・総合的な行政運営が行われるべき地域なのである、と筆者は考える。そもそも行政面積で言えば大阪市及び周辺自治体は大都市・１自治体としての開発や行政運営が期待されるべき面積なのであって、大阪市は現在の行政面積よりも大きな面積を持って然るべき都市なのである。要するに『大阪』は多数の自治体が存在するが故に、今日まで全体的な都市計画に基づいての一体的・総合的な都市開発・都市整備が充分になされて来なかったと言える。大阪府の面積は1905km²であるが香川県の面積1876km²に次ぎ47都道府県で2番目に小さな行政面積なのである。

かつて大阪市が市域拡張の動きがあったときに反対したのは大阪府であったという（砂原庸介『大阪』中公新書）。やんぬるかな、と筆者は嘆息した。つまり大阪市の行政面積が増えることは大阪府にとって都合の良い事では無かったのである。

かつて大阪府（1905km²：全国46番目の面積）と奈良県（面積3691km²：全国40番目の面積）と和歌山県（面積4726km²：全国30番目の面積）の1府2県の合併の話があったのも、そのような『大阪』の持つ悩ましさが背景にあったはずと筆者は考える。しかしこの1府2県の合併については大阪府知事、大阪市長、奈良県知事、和歌山県知事の足並みが揃わなかったという。市町村合併でさえ難しいのに、規模の大きな府市県合併は気の遠くなるような難しさではなかったか、と筆者は率直に思う。そもそも4府県市の代表の立場である府県知事、県・市議会議員、国会議員等の意見はどうだったのだろうか。

第10次地方制度調査会で「府県合併」が答申されたこともあり、1968（昭和43）

年～１９７０（昭和45）年の第13次・第14次地方制度調査会では、大都市の拡張が府県合併と結びつけられて議論された。この時も大阪市域拡張を主張する大阪市長と、その主張に反対し中心都市とその周辺都市との「機能分担」によって課題を解決すべし、と主張する大阪府知事との意見は真っ向から対立した。

１９６６（昭和41）年には「都道府県合併特例法案」が政府によって国会に提出されていた（佐藤栄作内閣）ものの、このような状況下にあっては国会も審査未了を繰り返しついには廃案となった。（砂原庸介『大阪』中公新書）

大阪市が南港にポートタウンを開発し、ＷＴＣ（ワールド・トレーディング・センター）ビルを建設したが、競うように大阪府も企業局が主体となって南大阪湾岸を埋め立てて、りんくうタウンを開発し、りんくうゲートタワービルを建設する。１９９０年代後半に竣工した二つのビルはともに高さが２５６メートルであり、国内では横浜のランドマークタワーに次ぐ2番目の高さを誇った。しかしりんくうタウンの関西国際空港も大阪港も開業以来見込みほど利用が広がらず運営に苦しんでいる。結局、需要に対して過大な開発だったといえよう。『大阪』という大都市の核となるべき大きな開発を将来に向けて一元的・計画的に実施するどころか、大阪府と大阪市が競うような形で二元的と批判されるような大阪府・大阪市それぞれが目先の計画に固執した結果であった。二重行政と批判されてもやむを得ない状況であった。まさに「府市(不幸)合わせ」ではなかったか。首都圏の交通インフラが順調に整備されてきたのに対して、関西圏は大阪府域・市域にとらわれて広域交通インフラが充分実施できなかったとの批判がある。これでは『大坂』全体を一体的に合理的・総合的にコントロールする機能が欠けていたと言わざるを得ない、と筆者は考える。時代背景としてはバブル絶頂期の計画であったが、バブル崩壊後は過剰投資に大阪府、大阪市が共に苦しむことになる。

2　橋下徹大阪府知事の誕生と大阪府・大阪市の構造改革構想

2008(平成20)年1月27日、知名度の高かった弁護士橋下徹が自民党の推薦を受けて大阪府知事選挙に立候補、民主党の推薦を受けた大阪大学教授熊谷定敏候補に80万票近い大差をつけて当選した。国政では民主党と自民党の対立の中での橋下徹の大阪府知事への就任であった。もともと民主党は2009(平成21)年9月の総選挙の時に「地域主権改革」を公約に掲げ政権を得たものの、民主党の党幹部において考え方の不一致が見られ、必ずしも「地域主権改革」について統一方針が民主党内には無いような印象が筆者にはあった。そのような中、『大阪』の財政改革、教育改革に熱心に取り組む橋下徹大阪府知事の姿勢に大阪府民は支持を広げていく。

２０１０（平成22）年1月12日に橋下徹大阪府知事は「大阪府と大阪市の財布を１つにする。府と市をガラガラポンしてあるべき大阪を作りたい」と述べ「大阪都構想」に繋がる考えを初めて公式に述べた。

橋下徹大阪府知事の提案した当初の「大阪都構想」では大阪市と堺の２つの政令指定都市に加え、隣接する９市を統合して新たな統治機構である大阪都を作り上げて、日本はもちろん世界の拠点都市として国際的な都市間競争に打ち克ち、世界・日本をリードする都市『大阪都』を創るという壮大なものであった。

当時の時代背景としては１９９０年以降のバブル経済が崩壊し、全国の自治体の税収は激減したが、そもそも財政規模の大きい政令指定都市には大きな税収減となった。少子高齢化の影響を受けて長引く我が国の産業活動の不振、伴っての景気や経済の停滞があり、国内的にはそれらの停滞からの脱出を図るためにも「平成の合併」が行われていた時期であった。

２００９年９月には自民党政権（麻生内閣）から民主党政権（鳩山内閣）への政権交代があり、この時期においての橋下徹の『大阪都構想』に筆者は時代の大きな転換期にあるような印象を受けた。

２０１０年４月の「大阪維新の会」の結成時点での橋下徹大阪府知事の大阪都構想は、大阪府も政令指定都市大阪市も堺市も隣接９市も全て廃止して、大阪市24行政区を８特別区に、堺市の７行政区を３特別区に、隣接する９市を９特別区に再編し、全体として大阪府を「大阪都」として大阪都の下に20の特別区を設置するという『大阪』の未曽有の大改造計画であった。

新設される「大阪都」は産業基盤整備や広域行政・広域調整、都市計画事業などの成長戦略、景気対策・雇用対策等を担い、それまでの大阪市、大阪府、隣接する自治体でバラバラな広域行政を一本化する事、「特別区」は公選区長・公選議会を有し、１特別区あたりの人口を30万人程度の基礎自治体として市民生活を守る機能を持たせる構想であった。大阪府と大阪市を廃止し、隣接する堺市及び９市と新たな大阪都を創ろうとの構想である。まさに気宇壮大。橋下徹府知事であればこその大きな計画であった。

しかし、別の見方からすれば圏域内については広域行政等を一体的・主体的に実施する多くの権限が大阪都に集中することになる。従ってこのような考え方については「分権時代に逆行」し、むしろ「集権的な発想」であるとの批判が橋下知事に対してあった。確かに大阪市の行政面積（２２５㎢）は大都市としては小さ過ぎるために、大阪市の持つ行政権限が大阪圏域全体には及ばない、とのジレンマを橋下知事は持っていたはずである。当初の大阪都構想において大阪市と堺市及び隣接9市の合計面積が583㎢であったのは『大阪』の行政面積を大きくする、という意味があったはずと筆者は考える。最もこれでも東京都23区（628㎢）や京都市（827㎢）に及ばないのであるが。

その後、橋下徹大阪府知事は様々な意見・批判が寄せられた事からか「大阪市の分市構想」（2010年8月）や「堺市と大阪市とを区別する発言」（2010年9月）等の発言があり、当初の大阪都構想が揺れ動き、筆者には橋下大阪府知事の「大阪都構想」は右往左往している印象があった。大阪市を分市することによって地方交付税の増額を狙っている、との橋下大阪府知事への批判もあった。このような批判は橋下大阪府知事にすれば思いも寄らない的外れの批判と感じたのではないかと筆者は考える。結局、橋下徹大阪府知事は2010年10月には批判の大きかった大阪市の分市構想を事実上撤回している。

これ以降、橋下徹大阪府知事は方針を転換し、大阪市を廃止して公選区長・公選議会を設置する「大阪都構想」に方針を固めた。

2010年11月22日には首相官邸（菅直人内閣）で開催された全国知事会議で、各省庁の副大臣等を前にして「狭いエリアに大阪府庁と大阪市役所があり広域行政のプランがしっかりできない」等と発言し、大阪府、大阪市、堺市を再編する「大阪都構想」への理解を求めた。橋下徹大阪府知事は発言するたびに批判を浴びてきた『大阪』の大改造について国の助け舟を求めたのである。

この頃は民主党政権時代であったが、民主党の幹事長と主要な政権閣僚の大阪都構想に関する発言・対応が真逆であったりして、民主党政権内で「大阪都構想」に対する統一方針が定まっていないとの印象を国民に与えた。このことは、同時に橋下徹大阪府知事の「大阪都構想」は政府との調整済みの発言ではなく、橋下府知事の一人芝居のような印象を国民に与えてしまったのではないか、と筆者は思う。

「大阪都構想推進大綱」の推進計画では第1段階として、大阪府と大阪市を残したまま知事や市長による「府市統合再編協議会」を設置する。そして産業政策や消防、幹線道路の整備などの広域的な事務を大阪府の所掌とし、福祉や教育等の住民向けの業務を大阪市の各行政区の所掌とすることを提唱。併せてこの段階では市営地下鉄の民営化も盛り込まれている。第2段階では大阪市を廃止して中核市並みの権限を持つ特別区を設置して大阪都への移行が予定されている。

かねてから橋下徹大阪府知事が主導する「大阪都構想」に批判的であった平松邦夫大阪市長との分裂はこの大綱の発表によって決定的となり、もはや2人の間には妥協の余地は無くなっていった。橋下徹大阪府知事は「大阪都構想推進大綱」の発表前の

2011年9月7日には「大阪都構想」の代案として「特別市構想」を打ち出している。この「特別市構想」は平松大阪市長の主張であった大阪市の名称・自治体としての大阪市を残すことであり、橋下徹府知事の平松大阪市長への最終的妥協案であったと筆者は考える。「大阪市特別市」は大阪市の市域を広げて大阪府から完全独立し、大阪府からの権限移譲を受けるものであり、戦後まもなくの「特別市」の復活を思い出させた。大阪市と大阪府は共に存続するものの「特別市たる大阪市」は大阪府の権限の外にあり、近隣の市町村を巻き込み独立した「特別市」となる構想であった。この妥協案は「大阪都構想」に強固に反対する平松大阪市長への橋下徹大阪府知事の最終の最大限の譲歩案であった、と筆者は考える。

当然のように（そのように筆者には思えた）平松大阪市長は橋下徹大阪府知事の提唱した「大阪市特別市構想」を断固拒否する。その理由として「大阪市に隣接している自治体の承認が得られるかどうか」を挙げているが、そもそも周辺自治体の「大阪都構想」への考え方の如何は橋下徹大阪府知事がこの構想を公表して以来の問題点であったはずである。筆者にはあまりにも一方的に大阪の将来構想を次から次へと発表し、時には躊躇無く方針変更をする橋下府知事に対して、平松大阪市長は信頼関係を結ぶことができなかった事が最大の構想破綻の原因と思われる。「大阪都構想」の中身の問題はともかく、

2人の間に話し合いの前提であるべき信頼を結ぶことができなかった事が、破綻に至った最大の原因であったように筆者には思える。「平成の合併」の際でもお互いに信頼することができない首長同士では、自治体間の合併成就の結果を得ることができなかったのだ。

結局橋下大阪府知事の平松大阪市長への譲歩案であった「大阪市特別市構想」発表の僅か2日後に、橋下徹大阪府知事は譲歩案から一転して「大阪都構想」の実現を目指す最終方針を打ち出した。橋下大阪知事が敢然と平松大阪市長との大阪市長選挙での闘いを決断した日であった、と筆者は考える。

遂に橋下大阪府知事は２０１２（平成24）年2月5日までの大阪府知事の任期満了を待たずに、２０１１年11月27日の大阪市長選挙に出馬、大阪府知事には腹心の大阪府議会議員で大阪維新の会・幹事長の松井一郎が出馬し、共に当選した。橋下府知事にすれば「大阪都構想」を実現するためには、反対を唱える平松大阪市長を市長の座から引きずりおろさねばならなかったのだ。大阪府知事選挙には反・橋下大阪知事と言われた池田市長が立候補したが松井一郎に惨敗した。

筆者はダブル選挙の報道に接した時に、橋下徹が自身の主張を通すために強引とも思われるダブル選挙という手法を活用することを知り、素直に新・橋下大阪市長、新・松井一郎大阪府知事を評価する事はできなかった。自分の考えを通すためにはそこまでやるのか、という印象であった。

もともと『大阪』は農村地域において国政の自民党を通じての利益誘導が積極的に行われず、自民党の支持基盤は弱いといわれていたが、大阪府・市において「二重行政」の非効率を排除して『大阪』が独自の権限・財源を持ち国際的な都市間競争に打ち勝つ、との橋下大阪市長の選挙戦においての主張は有権者の心を摑んだのだ。

日本を代表する都市の中でも特に長い歴史を持つ大阪市が抱える財政問題をはじめ、多くの難題や悩みは都市間競争でしのぎを削る他の政令指定都市や全国の市町村長の共通の悩み・課題であった。だからこそ「大阪都構想」の行方は大阪市・大阪府だけの問題では無く、全国の知事、首長がその推移と結果を固唾を飲んでも守っていたと筆者は思う。他人事ではない、というのが全国の自治体の首長の「大阪都構想」に対する見方であったはずである。

ともあれ劇場型と言われ選挙にめっぽう強い「大阪維新の会・橋下徹」を中央政界、中央政党、政権与党民主党も無視できなくなっていった。地方選挙で選挙に勝ち続けていた大阪維新の会が国政進出の意向があり、とみた各中央政党は、近畿地方で議席が奪われる事を懸念して、橋下大阪市長の提唱する「特別区設置問題」で維新の会に対して宥和的姿勢を示すに至る。ここに至り中央政界において与野党折衝の結果、それまでの民主党案、自由民主党案、みんなの党案の3案は撤回され、改めて7会派で特別区設置を容認する法案が共同提出された。共同提出された法案は2012（平成24）年8月に参議院で可決し「大都市地域特別区設置法」として成立した。

短期間でのこの「大都市地域特別区設置法」の成立には、筆者は橋下徹大阪市長の中央政界への影響力の確かさ、強さに驚愕した。

橋下徹大阪市長の国会議事堂に向かっての高笑いが聞こえてくるような、政治家橋下徹の面目躍如ではないか。中央政府の政治家何するものぞ、との橋下徹市長の高笑いする大きな声が大阪市役所から東京の国会議事堂に聞こえたのではないか、と筆者には思えた。

当時政権与党であった民主党も野党であった自民党も、本来は「大阪都構想」のような抜本的制度改革には消極的もしくは反対であったはずが、両党は国政選挙で維新の会からの立候補を抑えるために、つまり自らの党の国会議席を守るために「特別区の設置」では譲歩したのである。筆者にはそのようにしか思えなかった。あれよあれよ、という間での「大都市地域特別区設置法」の成立であった。本来あり得ない話ではないか。もっと時間をかけて自治体関係者、有識者などの話を充分に聞いて議論を重ねてから結論を出すべき、地方統治に係る最重要な案件でなかったか、と筆者は考える。

橋下徹大阪市長一人に全国の国会議員及び政府が負けたのである。そのように筆者には思えた。

「大都市地域特別区設置法」は特別区設置を認める地域を「人口２００万人以上の指定都市」だけでなく「政令指定都市と隣接する市町村を含めた地域で総人口が２００万人以上となる地域」と定めている。従って同法の主たる対象地域は当面は大阪市、あるいは大阪市と堺市であるが「大都市地域特別区設置法」によれば、札幌、さいたま、千葉、横浜、川崎、相模原、名古屋、京都、大阪、堺、神戸の各政令指定都市を含む地域が対象である。

「大都市地域特別区設置法」が対象地域を一般的な規定で定めているのは大阪のような特定地域だけに適用される特別法となると、日本国憲法第95条【特別法の住民投票】によって、法律制定の段階で住民投票を行う必要が生じるから、住民投票を避けるための措置であった。

２００９（平成21）年に大阪維新の会・橋下府知事の支援で政令指定都市・堺市長選挙において竹山修身市長が初当選する。人口83万人、行政面積１５０㎢。政令指定都市としては小規模の部類に属し、特に行政面積は川崎市に次いで20政令指定都市中、小さい方から2番目である。

2012（平成24）年2月、大阪都構想の具体案を考える大都市制度推進協議会への参加を竹山堺市長は正式に拒否、堺市議会もこれに同調して2012年3月に「大都市制度推進協議会設置条例案」を否決した。大阪都構想及び橋下大阪市長に対しての堺市議会及び竹山堺市長の決別宣言であった。

3 大阪市と隣接する衛星都市群

大阪市に隣接する豊中市、吹田市など、大阪市の周辺の都市は古い歴史を持つことから大阪地区において相応の存在感があるため、大阪市との合併問題は過去に何回かあったものの実現には至らず現在に至っている。その結果大阪市周辺の衛星都市と言って然るべき都市に居住し大阪市に通勤している勤労者は、大阪市民と同等な大阪市からの行政サービスの受給者にも拘わらず大阪市の納税者ではない、といった状況が今日迄続いて来た。即ち「行政サービスの受益と負担の不一致」が生じてきている。所謂スピルオーバー現象である。この「受益と負担」を一致させるための運動こそ「平成の合併」の大きな目的の一つであったはずであると筆者は考える。

「平成の合併」において大阪府は44の自治体（33市10町1村）が43（33市9町1村）自治体となった。僅か1自治体の減少に留まり大阪府内の自治体の削減率は全国ワースト1位の2・3％であった。また東京都の自治体数は40（27市5町8村）から39（26市5町8村）と1自治体の減少に留まり減少率は2・5％であった。一方、全国の平均削減率は3232自治体（670市1994町568村）が1730自治体（786市757町187村）で46・5％であった。最大の減少率は長崎県の79（8市70町1村）自治体が21（13市8町0村）自治体になった事であり、減少率は73．4％に達した。長崎県では村は一つも無くなったのである。

つまり大阪には大阪市及び大阪市周辺の衛星都市が合併することによって大阪府内に大都市を作り、東京都に対抗し、世界に雄飛しようとする意欲的な自治体の首長はいなかったのだ。橋下大阪市長の大阪都構想をむしろ冷ややかな目で見ていた首長が大阪市周辺の自治体には多かったのだろうか、とさえ考えてしまう程の低調な大阪府内の「平成の合併」の結果であった。

そもそも大阪府と大阪市の統合により新たな組織を作り、広域行政と基礎自治体との機能を分ける、との考え方は橋下大阪府知事が初めて提唱したのではない。2000（平成12）年に当時の太田房江大阪府知事が提唱したことがあるし、1960年代の古い時代にも当時の大阪市長が隣接10市との合併を目論んだ事もあった。大阪市域を超えた大阪府との調整は必要である、との問題意識は1953（昭和28）年の「大阪産業都」構想にも見られる。このように大阪市と大阪府、及び近接の都市との合併問題は古くからの『大阪』の懸案であり重要課題であった。（砂原庸介『大阪』中公新書）

橋下府知事の当初の「大阪都構想」は成長戦略、景気対策、雇用対策などの広域行政を現在の大阪府のエリアで一本化し、大阪市内には公選の首長を8人か9人置き、住民に身近な行政サービスを担わせる事であった。この橋下府知事の構想は橋下知事への批判や様々な意見によりコロコロ変わったこともあることから「場当たり的」と批判されることもあった。

橋下大阪市長の行政の進め方については様々な評価があるが、大阪府・大阪市を中心とした『大阪』の発展について問題意識を強く持ち、即その解決のために、即行動に着手するとの行動規範には筆者も驚きながらも学ぶことが多かったし参考にもなった。

現在の大阪市の人口（271万人）は大阪府の約30・6%、堺市の人口（83万人）と合わせると大阪府の人口の約40・1%となる。これに隣接9市の合計人口を加えると大阪都の人口は現在の大阪府の人口の約64%となる。

大都市には人や企業、物、情報、資金等が流入しやすい。従って大都市には必然的に道路網・鉄道網等の交通網が圧倒的なレベルで発達し、その事によって更に、ひと、物、資金、情報等が集まり、大都市は人口増を重ねて周辺の都市やその他の自治体を圧倒して来た。若年層、働き手は地方から大都市に流入し続け、それでも人手不足の時代が続いていた。伴って大都市においては商業活動、企業活動が年々持続的に活発化して行き、その事によって大都市の人口は更に増大していった。大都市・政令指定都市は第二次世界大戦後の昭和時代には、活発な民間の企業活動の成果によって財政が潤沢化し、中央政府による財政調整制度によって「ひと」の排出元である農山村漁村にも経済成果が再配分され、地方においても大都市と生活レベルや文化のレベルが、然程大きな差とは感じられない程の「均衡ある国土の発展」が実施できたのであった。

大都市は社会的弱者と言われる人たちを受け入れる力を持っている。大都市からは多くの文化や芸術等が生まれてきた。また大都市内にある事業所に勤務する比較的裕福な階層は、大都市内の喧騒から離れた大都市周辺の都市に居住する傾向にある。もちろん、大都市の中心部にある居宅地は価格が高く取得する事が難しいという事はあったにせよ、である。市外から大都市への通勤者である比較的裕福な階層は、一日の殆どを大都市内で仕事として過ごすが、その間には大都市の市民とほぼ同じような行政サービスを大都市から享受する。が、市外からの比較的に裕福な勤労者は、直接には税を大都市には払わず居住している都市に応分の税を払っているのだ。大阪市は居住している市民271万人分の行政サービスを用意しただけでは足らず、大阪市に毎日流入してくる市外からの約100万人超（総務省『令和2年度国勢調査』）の税金を払わない流入者のための行政サービスを用意しなくてはならない、という事になる。本来大阪市民として納税者であるべき階層の市外流出に悩んでいるのが大都市・大阪市である。

このように一般の都市とは違い、政令指定都市や大都市は上下水道、各種道路の建設や修繕、公園、大規模な公共施設の建設、総合的医療機関の整備・維持、消防や救急等の防災対応等の行政出動の実施にあたり、定住人口分の量だけで各種公共施設の規模や建設時期等を決める事はできない。市民以外の毎日大都市へ流入する人々の行政需要が大都市の負担になっているのだ。

大都市は一般の市町村では設置できない大型行政施設を建設してきた。例えば、美術館、博物館、大規模な集客を可能とする市民の利用施設、大学をはじめとする高等教育施設、入院施設を備えた高度医療機関、野球場等のスポーツ施設等である。大規模施設の建設にあたり自治体には国からの財政補助がある場合もあるが、多くは大都市は財政的に比較的豊かであるとの理由で、また大都市は中心都市であるとの自意識の中で、これらの大規模施設を周辺都市に先がけて整備してきた。施設利用が始まり、締めてみたら市外の利用者の方が大都市の市民の利用より多かった、といった事さえもあるのだ。このような大規模な施設があればあるほど、昼間の流入人口は更に増え大都市の賑わいは増すわけである。

かつては比較的財政が豊かであった大都市であるが、1990年以降の長引く景気停滞や少子高齢社会の進行による各種事業の実施に伴う費用の急激な増大、さらに社会的弱者や貧困層の大都市への流入は大都市の財政を悪化させた。農山漁村において働き手である若者にとり適当な職場が充分でない以上、若者が職を求めて都市部への流出はやむを得ないが、しかし近年は大都市にあっても高齢化の影響を受ける事態になって来ているのだ。つまりかつては税の負担者という、行政の財政を支える立場であった都市部への流入者が歳を重ねて高齢者となり、納税者から社会保障の受給者としての立場に代わってきているのである。

少子高齢化によって社会保障制度を支えるはずであった我が国の労働人口が減少している。この傾向は大都市においても地方と同様な傾向となってきた。

そもそも市町村自治体の税制の自主財源と言われるものは所得課税である住民税、不動産課税の一種である固定資産税を基本的に主たる税収源としている。一方都道府県の場合は都道府県民税の法人課税の法人分と、事業税の法人分の所謂「法人2税」を主たる財源としている。つまり市町村税に比して都道府県税は時々の景気・経済変動に税収が左右されやすい体質がある。政令指定都市も基礎自治体であるから一般市と同様な税目構成であるが、政令指定都市を都市別にみるとその内容に大きな違いがあることに気づく。

政令指定都市の市税総額に占める内訳を見る。個人市民税は横浜市の構成比が40・9%、さいたま市40・6%、千葉市37・8%、大阪市21・2%、北九州市28・8%、福岡市30・6%であり、首都圏の政令指定都市は個人市民税の占める割合が高い。一方大阪市は個人市民税が占める比率が右記の通り低い。(北村亘『政令指定都市』中公新書)

法人市民税の市税総額に対する割合は大阪市は比率13・7%で政令指定都市中トップである。都道府県は法人2税の割合が高く、その時々の経済状況によって税収が大きく左右される傾向にあるが、政令指定都市であっても景気の状況に税収が左右される都市があるのだ。

1980年代以降の高度経済成長の時代に全国の自治体では、住民要望の大きかった小学校・中学校の児童・生徒数の増加に伴う校舎の増設、学校の新設、学校プール・学校体育館の建設、市営住宅の建設、新設道路の建設・補修、公民館・集会所等の住民の集会施設の建設、農業者・商業者用の公的施設の建設、上下水道の建設等々の行政施設建設が積極的に実施されたが、現在はこれらの施設の経年劣化が進み、多くの公共施設が耐用年数を超える状況にある。高度経済成長期において大都市であるが故に先進的とされた事業を一般市に先駆けて取組んだため、１９９０年代以降の長い経済の停滞期に突入したままの現在、財政的に困難な状況にある。その典型的な事例が大阪市なのである。一般都市とは違った大きな権限を与えられていた政令指定都市ではあるが、それに見合った財源的な裏付けが充分でない、というのが政令指定都市の不満であり、大阪市の不満である。

4　「大阪都構想」についての2度の住民投票

２０１０（平成22）年１月の橋下府知事の「大阪府と大阪市のガラガラポン発言」、２０１０年４月の堺市や隣接９市を巻き込んだ統治構造の大変革による橋下府知事の「大都市構想」は、ついには隣接の自治体の首長や議会の理解を得られず「大阪市を解体しての大阪都構想」に集約していく。橋下徹大阪府知事にすれば残念・至極であったであろうが、民主主義はとかく結論が出るまでに時間が係るものであり、橋下大阪府知事の「大都市構想」に係る進め方については余りの拙速感・唐突感を周辺の首長は感じたのではなかったか。結論が先にありき、との手法はとかく批判を浴びるものである。

一方で「大阪都構想」を看板に掲げた橋下大阪府知事に影響をされたように、他の政令指定都市にも動きが出てきた。２０１０（平成22）年には愛知県と名古屋市で「中京都」構想が打ち出され、２０１１年には新潟県と新潟市で「新潟州」構想が提案されている。

しかし双方共に具体的な論議にかけていて知事・市長の本気度が筆者には見えない。〝大都市統治制度改革〟、〝地方統治制度の見直し〟、〝地方分権の推進〟の論議での中でのアドバルーンを挙げるに留まり話題提供といった程度か。しかし現在の地方統治構造が大きな問題点を抱えている、との話が広く国民に伝わったことは、行政においての地方分権を理解するうえで結構な話題提供であったと考える。

２０１４（平成26）年12月　公明党が「大阪都構想」に関する住民投票の実施について賛成に方針を転換する。

２０１５（平成27）年１月　大阪市議会で大阪市を５特別区に再編するとした協定書案が大阪維新の会・公明党の賛成で可決。

２０１５（平成27）年３月　大阪府議会と大阪市市議会で協定書案が大阪維新の会・公明党の賛成で可決。住民投票の実施へ。

２０１５（平成27）年５月18日　大阪市において「大阪都構想」の是非を問う住民投

票が行われた。反対多数で「大阪都構想」が否決される。「大阪都構想」反対70万5585（50・38％）、賛成69万4844票（49・62％）、投票率66・83％。10741（0・76％）の僅差。24行政区で13の区が反対多数、11の区が賛成多数であった。

橋下大阪市長は住民投票での反対多数であったことを理由に、市長の任期末を以って政界引退を表明。

2015（平成27）年11月　大阪府知事選挙・大阪市長選挙のダブル選挙において大阪府知事は松井一郎知事の再選、大阪市長は橋下徹の後継として大阪維新の会の吉村洋文が橋下市長に代わり当選。

2019（平成31）年4月　大阪府知事・大阪市長選挙のダブル選挙。松井一郎府知事が大阪市長に、吉村洋文市長が大阪府知事に各々が再選。

2020（令和2）年11月1日　大阪市で2回目の「大阪都構想」にかかる住民投票の実施。

5年後の2027（令和7）年の1月1日に政令指定都市・大阪市を廃止して、4の特別区（淀川区・北区・天王寺区・中央区）に再編する事、についての賛否を問う住民投票が行われた。

「大阪都構想」反対69万2996票（50・6％）、賛成67万5829票（49・4％）、投票率62・35％。

1回目の住民投票に続き2回目の住民投票でも反対多数で「大阪都構想」は否決になり、現状維持で大阪市が今後も存続することになった。

住民投票の結果を受け、松井一郎大阪市長は令和5年4月までの任期を全うしたうえで政界の引退を表明した。

「大阪都構想」とは

政令指定都市大阪市を廃止し現在の24行政区を4特別区に代えることにより、住民に身近な行政を実施し『大阪』全体の都市力を増大し、以て世界に雄飛する大阪全体の発展につなげようとするもの。今までの24区は行政区でなく、東京都と同様に4の特別区とすることから区長、区議会議員は住民の直接選挙で選任し、区議会も4特別区に設置するというものであった。

現在の24行政区は以下のように4の特別区に編成されるものとした。

淀川区（東淀川・淀川・西淀川・此花・港）人口約60万人・面積67・2㎢

中央区（中央・西・浪速・西成・大正・住吉・住之江）人口約71万人・面積65・2㎢
北区（北・福島・都島・旭・城東・鶴見・東成）人口約75万人・48・5㎢
天王寺区（天王寺・阿倍野・生野・東住吉・平野）人口約64万人・44・2㎢
合計　人口　約270万人・面積225・1㎢

これまでの大阪市24区長は行政区であるため大阪市長が任命する内部職員であったが「大阪都構想」における特別区長は各々が独立した地方自治体であるから、区長と区議会（議員）は公選によって選出されるのが制度上の違いである。2020年11月2日の読売新聞朝刊によれば、大阪市が現在担う2900件の業務の内85％を大阪府に移し、残り15％の業務を四つの特別区が担う。また現在の大阪市の収入約8500億円は4特別区に合計で約6500億円、大阪府に約2000億円が分配される計画であった。「大阪都構想」の財政効果については賛成派、反対派がそれぞれの立場で試算したが、真っ向から対立したことから、大阪市民からはどちらが本当か、との声が上がったという。（田中暄二・平成国際大学修士論文『我が国の望ましい地方分権のあり方についての考察』令和2年度）

確かな点は4人の「特別区長」は公選で選出されるために、これまでの大阪市の行政区長のように大阪市長が任命する市職員でないため、選挙で当選した区長の考えによっては、必ずしも大阪府の方針通りに区の行政が進むとは限らない事である。ましてや4特別区にはそれぞれに区議会が設置されるから、大阪市時代とは異なる方向性・政策方針を持つ「特別区議会」が誕生する可能性がある。つまり「大阪都構想」が実現する事は地方分権時代にあって、大阪市は区民が選出した公選区長、公選議会を持つ4地方自治体に生まれ変わるという事である。このため大阪市がこれまで実施してきた様々な住民への事業や住民サービスについては、4自治体になっても当面は維持されるとの話であったが、選挙によって選出された区長、市議会によっては、将来的には大阪市時代とは違った独自の政策・方針に代わっていくことは、容易に想定されるのである。

これまで大阪市が担ってきた業務の内、成長戦略作り・都市計画・観光振興・水道事業等の従来大阪府との二重行政との批判があった事業については大阪府に移管し、事業の一本化を進めるとした。大阪府と大阪市が競いあうように大型開発を行い、結果として双方共に予定通りに事業が進まず、失敗した事例が過去にあったからである。また従来から大阪府が担ってきた市町村振興や高等学校に係る事業については引き続き大阪府が担当する事とする。そして大阪市が従来担当してきた保健衛生・小中学校の義務教育関連事業については、新たに設置される4特別区が担う事とした。

この大阪維新の会が推進しようとした「大阪都構想」については、自民党を中心としての反対意見や大阪市民からの反対意見もあった。即ち①伝統ある大阪市が無くなるなんて、とんでもない。全国で政令指定都市が消滅するなんて聞いたことが無い。②今の制度をそのままにしても充分課題は解決できるはずだ。大阪都構想にしたから解決できるのか。③行政区が特別区になることによって『大阪』の一体性は保たれるのか。公選区長になるという事は、大阪府知事と意見が合わない区長が当選した場合はどうなるのか。④そもそも大阪市の24行政区は経済格差があるといわれる中、特別区間の格差が更に拡大するのではないか。⑤一つの政令指定都市の大阪市がなくなり、4特別区(自治体)に再編されることは財政的には経費増になり効率化の逆ではないか。⑥大阪市が担ってきた規模の大きな事業が大阪府へ権限移譲されることは分権に逆行するのではないか。⑦大阪市が消滅し4特別区になることが住民サービスの向上になるとは思えない。⑧新型コロナウイルスが蔓延し説明会が充分に開催できない中、住民投票を強行するのは反対である。住民投票の時期を延期せよ、等の反対意見があった。

2度目の「大阪都構想」は住民投票の結果、反対多数となり「大阪都構想」は廃案となり大阪市の存続が決まった。松井一郎大阪市長とともに「大阪都構想」を推進してきた吉村洋文大阪府知事は「自分が大阪府知事でいるうちは、大阪都構想に関して3度目の住民投票を実施することは無い」と語った。

ともあれ「大阪都構想」は2度の住民投票の結果2度共に反対多数となり、大阪市の解体・再編にはならなかった。この事を受けて当分の間大阪市も大阪府も現状のまま、それぞれの自治体の運営を進めていくことになった。固唾を飲んで「大阪都構想」の結果を見守っていた筆者は「誠に残念至極」な結果であった。我が国の昨今の経済的・社会的な閉塞感を打ち破るのは「大阪都構想」が先鞭を切ることによって始まるべきと思っていた。住民投票の賛否によってそれぞれの地域の重要な懸案事項の決着を図ることは近代の民主主義・民主政治では基本の方法ではあるが、「大阪都構想」の投票数が2度とも余りにも僅差での決着であるが、結果は100対0という結果になるが故に、筆者は民主主義の怖さを同時に感じた。

筆者は二度の住民投票を持ってしても市民に受け入れられなかった理由を下記に考察する。

行政上の統治構造を変える、という事自体が市民にとっては高度な政治的な判断が求められる選択であり、市民には大変わかりづらい事であるが、コロナ騒ぎの時期と重なり充分に「説明会」等が開催されなかった事、又大阪市が消滅するとの事から〝寂しさ〟の感情が先に立って、大阪市民は冷静に「大阪都」の実現をイメージできなかったのではないか。また大阪維新の会や松井市長はあまりに結論を急ぎ過ぎたのではないか。もう少し市民間で「大阪都構想」を自由に率直に語り合う時間があった方が良かったのではないか。橋下前知事・松井大阪市長の強引さを市民に印象づける結果となってしまったように筆者には思える。賛否の差が少数であったが故に無念さが残る。「大阪都構想」の2度の住民投票において反対多数による破綻は、「平成の合併」の時の市町村合併において、小規模の自治体程「町や、村が無くなる」との寂しさの住民感情が先に立ち、住民投票で合併が破綻した事例が全国的に相次いだことを想起させた。

「大阪都構想」は大阪市が消滅して4自治体（特別区）に再編されることについて、賛成か反対かという二者択一の選択であったが、受け入れ側である大阪府全体の住民を対象にした住民投票であっても良かったのではないか。大阪市が消滅し、それに代わって大阪市域とはいえ大阪府内に4特別区（自治体）が誕生することは、大阪府全体の問題ではなかったか。現行の制度では行政区域が変わる住民のみの投票が想定されているが、今回の「大阪都構想」はそもそも大阪市民だけの問題ではなく、大阪府全体の行政の在り方に対する大改革が問題であったはずである。つまり大阪府民全体の問題であった、と筆者は考える。筆者は今後の住民投票制度のあり方について「大阪都構想」の結果から一石を投じたい、と考える。

加えて政令指定都市の消滅を前提とした地方自治制度の大変革である「大阪都構想」

において、仮に住民投票で大阪市の廃止と4特別区の設置が実現したとしても、直ちに「大阪都」という名前が実現することは不可能である、という事を承知していたにも拘わらず「大阪都構想」という耳当たりの良い名称を用いて大阪市民に住民投票を促したが、この事自体が大阪市民に対して「大阪都」への、過度の期待を持たせることに繋がったのではないか。本来的に言えば「大阪都構想」でなくて「大阪市の廃止・特別区設置構想」ではなかったか。このような妥当性・公平性に欠け「まやかし」と批判されても仕方ないような文言の使い方については、追随したマスコミも含めて反省すべき点があったと筆者は考える。

「大阪都構想」についての住民投票については、全国の大規模市長のみならず行政に関わる多くの関係者が高い関心を示し、その行方については固唾を飲んで見守っていたはずである。多くの人々が「大阪都構想」に係る住民投票の行方を、あたかも自身が係る都市の如くに思いを馳せながら見守っていたはずであった。そういう意味では「大阪都構想」の住民投票による2度の破綻は他の大都市に与える影響は少なくない。今回の「大阪都構想」の反対多数は「平成の合併」の時に自分の住んでいる町の名前が無くなることが、あたかもその町そのものが消滅するような印象を住民に与え、自治体の規模が小さいほど市町村合併が破綻した事を思い出させた。当時、この事については自治体の住民への説明不足がその原因と自治体及び関係者が批判されることが多かったが、筆者は住民に充分に説明しても解決しない、心の寂しさに基づく住民感情の問題が合併破綻した理由としてあったような気がする。民主主義は時に厄介なもの・面倒なもの・時間がかかるもの・金がかかるものである。またそれだけの手間暇を掛けても結果に繋がらない事があるのだ。

「大阪都構想」の破綻は筆者自身誠に「残念無念、残念至極」の心境である。「大阪都構想」についてはいろいろ問題があっても、ともかくも現在の我が国の国際社会の中における状況や国内的には失われた30年の中で遅々として進まぬ地方分権の中、閉塞感の漂う日本の現状を打破するためには「大阪都構想」を実現し、前に進むことがまずは肝要である、と筆者は考えていた。破綻はしたが「大阪都構想」は大都市の苦悩、現行の政令指定都市の問題点、統治構造の課題などが国民に改めて注目される契機となった。この事は橋下徹の大きな功績と言っていい。拍手を贈りたい。

「大阪都構想」は政令指定都市・大阪市を廃止して、大阪市の有する広域的・社会基盤的な事業について大阪府に権限・財源を一元化し、大阪市民にとって日常的な窓口業務等は、大阪市から新たに設置される4特別区に配分するというものであった。

一方「大都市地域特別区設置法」は人口200万人以上の政令指定都市に対して、府県から独立してそのエリアの財源・権限を一本化する構想である。「大阪都構想」は政令指定都市・大阪市が消滅し、大阪府（大阪都）が残る構想であり、全く真逆な構想である。

このような2種類の案が住民に示されたとしたら住民はどちらを選択するだろうか。予想はつかない。大都市・政令指定都市を消滅した方が良いのか、人口200万人超の大都市を府県から独立させ、更に権限・財源を付与する事と住民はどちらを選択するのだろうか、と思う。

民主国家である我が国では行政は時間をかけて住民に十分説明し、住民自身及び議会が選択すべき大きな課題なのである。

「大阪都構想」が破綻して間もない2020（令和2）年11月5日、全国20の政令指定都市・市長が構成する「指定都市市長会議」（会長林横浜市長）が横浜市で開催されたが、其の中で政令指定都市を都道府県から独立させる「特別自治市」の創設等、新たな大都市制度の実現を求める国への提言をまとめた。

政令指定都市会長・林横浜市長は政令指定都市が府県から独立する「特別自治区」をはじめ、「大都市制度」の議論の加速と早期実現を求める臨時提言を採択している。「大阪都構想」の住民投票による機運の高まりを受け、地域の実情に応じた「大都市制度」

の選択ができるようにするのが狙いという。「特別自治市」は平成22（2010）年に政令指定都市会が提唱した「大都市制度」の構想である。明治以来の道府県と市町村の関係を見直し、政令指定都市を道府県から独立させることで道府県との二重行政を解消し、住民サービスの効率化と充実を図るものである。政令指定都市長会は地方自治業務全般についての権限と財源を政令指定都市に移譲するように求めているが、実現には地方自治法の改正が必要になる。この提言には政令指定都市（大都市）側の権限拡大を求める意図が明白である。

5　大阪と東京

そもそも東京都と大阪府はどのように違うのか？

〝都〟は東京都の1つしかないが〝府〟は大阪府、京都府、と2つあるがこの3つの都市の違いは何なのか？

橋下徹大阪府知事・大阪市長は、結局『大阪』をどうしたかったのか。

橋下徹が提唱した「大阪都構想」が国会において、事実上大阪を視野にした「大都市地域特別区設置法」という法律が立法化されたことで、橋下徹は半ば満足してしまったのか。法律ができたからと言ってすぐに統治構造が変わるわけではないことは、地方自治の歴史が何回も証明しているではないか。

『大阪』が国会でスポットライトを浴びたから、その事で橋下徹は満足してしまったのか。

橋下徹大阪府知事・大阪市長は政府や国民に対して『大阪の特別さ』を認めて貰うのが目的ではなかったはずだ。

東京都23特別区と大阪府の中にある政令指定都市・大阪市24行政区はどのように違うのかを理解しないと、橋下大阪府知事・大阪市長の実現したかった「大阪都構想」や「道州制」は理解できない。

東京都は総人口1384万3千人、行政面積2194㎢であり、23特別区26市5町8村、合計62区市町村で構成され、我が国を代表する人口規模が最大の都市であり、国会議事堂をはじめとする立法機関、政府機関、最高裁判所などの司法機関等、多数の国・都・区・市町村等の行政機関が存在し、大公使館をはじめ外国の様々な公的機関が東京都に集中している。また我が国を代表する企業の本社機能が多数集中し、諸外国の民間企業や報道機関の多くの機能が東京に集中している。東京における政府や様々な企業の動向が、日本を動かし世界にそれなりの影響を及ぼすことは周知の事実である。

東京都23特別区は各々が地方自治法上の特別地方公共団体であり、この故を以って23特別区長は全国市長会の正式なメンバーとなっている。（地方自治法第1条の3【地方公共団体の種類】①地方公共団体は普通地方公共団体及び特別地方公共団体とする。②普通地方公共団体は都道府県及び市町村とする。③特別地方公共団体は特別区、地方公共団体の組合及び財産区とする）

東京都は23特別区が東京都の中心部を形成しているが、中でも「港区」「中央区」「千代田区」「新宿区」「渋谷区」の5区には、日本の政府機関、外国の大公使館、我が国を代表する企業や諸外国の企業、文化団体やその発表の場所である大規模な文化会館、商業施設、スポーツ施設等が集中しており、更にホテルや一般住宅用の高層ビルが林立している状況にある。まさに日本の顔であり心臓部でもある。

東京都総務局統計部人口統計課「人口の動き――東京都の人口年報」によれば、東京は1872（明治5）年の人口は85万9345人であり、1876（明治9）年には100万人を突破し、1901（明治34）年は200万人、1919（大正8）年は300万人、1924（大正13）年は400万人、1928（昭和3）年は500万人、1934（昭和9）年は600万人、1939（昭和14）年は700万人と驚くべき速さで人口増を続けた。その間の人口増減率は何年か人口マイナスの年があったものの、3％

超程度の人口増加率であった。しかし第二次世界大戦になると東京を一時期離れる家庭が続出した結果、1945（昭和20）年は対前年比人口減少率52・02％を記録し、人口は348万8284人となった。終戦後は徐々に人口は回復し昭和30年代以降は世界から奇跡と言われた高度経済成長があり、地方から東京への人口流入が続き1962（昭和37）年に、東京は世界で初の1000万人都市となったのである。その後も全体的には穏やかな人口増が続き、2000（平成12）年に人口1200万人を突破した。

総務省アクセシビリティ閲覧支援ツール「地方自治制度の歴史」によれば、1871（明治4）年廃藩置県、1888（明治21）年市町村制制定、1889（明治22）年大日本帝国憲法発布に続き、1890（明治23）年には府県制を制定し、府県・郡については国の行政機関としてではなく地方公共団体として規定した。1926（大正15）年には市町村会議員、道府県議会議員について普通選挙法制を導入した。1943（昭和18）年に至り第二次世界大戦の戦時体制下、東京府・東京市を廃止して東京都を設置。旧東京市の区域に法人格を有する区を設置している。当時の東京都の長は政府の任命による東京都長官であった。東京都成立直前の東京都は東京市（後の23行政区）及び北多摩郡（22町村と立川市）、南多摩郡（17市町村と八王子市）、西多摩郡（23市町村）であった。

1946（昭和21）年に連合国統治下で日本国憲法が制定された。都道長官・府県知事・市町村長が公選となり議会の権限が強化されている。１９４７（昭和22）年に地方自治法が制定され、知事以下の都道府県職員の身分が官吏から地方公務員となった。１９５２（昭和27）年の地方自治法改正によって東京都の23特別区長が官選から公選となった。１９５６（昭和31）年に指定都市制度が創設され教育委員の公選制が廃止となった。１９９９（平成11）年、地方自治法が改正され機関委任事務制度の廃止と自治事務及び法定受託事務が創設された。２０１４（平成26）年には地方自治法の改正によって中核市制度と特例市制度の統合がなされた。

以上のように地方自治については法的にも徐々に整備が整い、地方分権が我が国においても更に進行する事が期待されている。

そもそも「特別区」とは地方自治法が定める基礎自治体で現在は全国で東京都のみに設置されている。一方で政令指定都市内の「区」は行政区と言われ、市の内部組織であり区長は政令指定市長が持つ人事権によって任命する。東京都の23人の特別区長は市町村長と同様に公選によって選出され、特別区は公選の議員によって構成される区議会を持つ地方自治体である。

大阪市は全国20政令指定都市の一つであるが、政令指定都市は都道府県の70％～80％程度の権限を持つと言われ、中でも市街地開発や港湾整備、産業政策等の大規模な社会基盤整備・都市計画に関する権限は一般都市に比して政令指定都市に広く与えられている。従って政令指定都市が存在する都道府県においては、先に述べた業務についての県知事の権限は政令指定都市には及ばないとされる。

府県知事は府県の概ね中核部にある政令指定都市に対して積極的な関与ができず、政令指定都市に任せざるを得ない、というジレンマを常に抱える事になる。

以下「大阪都構想」を東京都と大阪府・大阪市を比較しながら検討する。

大阪維新の会が「都構想」という目標を掲げて大阪市民に対して住民投票を実施するからには、東京都、23の東京都特別区、大阪府、大阪市の24行政区を其々比較検討するのは妥当であろう。

東京都の場合、特別区23区は基礎的な地方自治体（地方自治法第２８１条、２８１条の二）であるが、特別区は政令指定都市や一般市よりも事業権限が小さいため、東京都は23特別区と調整しながらも、本来東京都が持つ権限を23特別区内において行使する事ができる。一方、大阪府はそもそも東京都程の権限を有しておらず、大阪市は政令指定都市である事から、東京都23特別区が有する権限よりも幅広い権限を有するが故に、大阪市は時に大阪府にとり業務遂行上ライバルになり、時に無駄な二重行政を大阪府・大阪市は各々が実施している、との批判の矢面に立たされた事もあった。この大阪府・大阪市と東京都・23特別市との制度上の差異について、当時の大阪府知事橋下徹は東京に対して羨ましさ、妬ましさがあったと筆者は考える。

政令指定都市大阪市は法的には大阪府に包括される立場にあるが、これまでの長い歴史の中で、大阪府と大阪市は類似の施設や政策も多い事もあり「二重行政」と批判されることがあった。この現状の大阪府・大阪市の統治制度を変えなければ東京都に追いつけない、東京1極集中を阻止できない、との強い思いを橋下徹は持つようになっていったのではないかと筆者は考える。

「大阪都構想」には大阪市が保有する行政権限の内、広域的な業務を除き権限を縮小して4特別区に配分し大阪市を廃止し、特に都市計画に関する権限を大阪府に一元化する事により、社会基盤整備や水道事業、市街地及び地域開発、産業振興、観光事業、消防・防災等を主導するとの大きな目的があった。

東京都23特別区の各々の自治体としての規模・権限は、政令指定都市はもとより一般市よりも小さい権限である。特別区で最も人口が多いのは世田谷区の91万7千人であり、最小規模は千代田区の6万6千人であり、人口が30万人未満の区は23区中10区にも及ぶ。人口・行政面積についていえば政令指定都市とは桁違いである。23特別区の中で行政面積で最も広い区は大田区で60・4㎢であり、最小面積は台東区の10・08㎢であり、20㎢

未満の区は23区中11区もある。

一方、政令指定都市大阪市は人口274万人、行政面積225㎢である。大阪府は面積1905㎢、人口882万3千人であり、東京都の面積2194㎢、人口1384万3千人と比較すると、大阪府は東京都に比べて面積は86・8％、人口で63・7％である。また大阪市（行政区24）の面積・人口を東京都23区全体の面積628㎢、人口955万5千人と比較すると、大阪市（行政区24）全体の面積は東京都23区全体の35・8％、大阪市（行政区24）の人口は東京都23区の28・6％である。

大阪府にとって府内の真ん中にある大阪市は本来大阪府が包括する政令指定都市であるが、時には競合相手の存在であり、時には邪魔になるくらいの存在になったのである、と筆者は考える。

政令指定都市大阪市は大阪府にとって、特に社会基盤整備の分野である都市計画・市街地開発等で時に身近なライバルであり、かつては「府市あわせ（不幸せ）」と揶揄されるほどの大阪府と大阪市の長年に渡る対立の歴史があったという。こうした長い間の大阪府と大阪市の制度に起因する対立が、東京に大きく差をつけられた要因の一つとの意見さえあるという。

そこで政令指定都市・大阪市（24行政区）を廃止して、新たに大阪府の特別区4区（淀

	面積	人口	一般会計予算	合計予算（一般会計）
東京都	2,194㎢	1,384万3千人	7兆3,500億円	11兆3,900億円
大阪府	1,905㎢	882万3千人	2兆6,300億円	4兆3,900億円
東京23区	628㎢	955万5千人	4兆400億円	
大阪市24区	225㎢	274万人	1兆7,600億円	

東京都と大阪府の比較

（田中暄二『我が国の望ましい地方分権のあり方についての考察』平成国際大学法学部修士論文　令和２年度）

川・北・中央・天王寺）に再編するとの構想が生まれたのである。この「大阪都構想」が実現すれば大阪市が持つ都市基盤整備等のインフラ整備等の大規模開発等の広域的な権限は、一元化され大阪府に移る。また住民に近い行政サービスであるゴミ収集、子育て支援、高齢者対策等の福祉サービス、小中学校の義務教育や窓口サービス等は４特別区が大阪市から引き継ぎ、地域の実情やニーズを的確に把握する事によって住民サービスが充実するという考えである。このように大阪府と大阪市を特別区としての４自治体に分離したうえで、行政面での役割分担を明確にして大阪全体のレベルアップを図り東京に追いつきたい、というのが橋下徹の提唱した「大阪都構想」であった。

上表の通り東京都の一般会計予算は特別区23区分を合計すると11兆３９００億円であるが、大阪府と大阪市の合計の一般会計予算は４兆円３９００億円である。東京都は国からの交付金がゼロであるのに対して、大阪府・大阪市共に自前の税収だけでは予定した事業が賄えないために、国から毎年多額の地方交付税を貰って予算編成をしている実態がある。仮に「大阪都構想」が実現したからと言ってその財政体質は大きくは変わらないであろうといわれてきた。それはその通りであろうと筆者も考える。地方交付税の算出基礎となる基準財政需要額は統治システムの改革ができたとしても、それほど変わるとは思えないからである。「大阪都構想」によって大阪市を4自治体（特別区）に分けても職員人件費は増えることはあっても減るとは思えないし、国からの交付税は大阪市が4自治体（特別区）に再編されることにより、むしろ増えるのではないかと考える。今後課題であった大阪府と大阪市の二重行政と言われてきた公共施設運営を、どのように廃止・整理できるかであるが、区長職については4区がそれまでの行政区と違い公選区長を選任する公選制であるから、新たに就任する公選区長の考えによっては、大阪府が進めようとしている方針と異なる方針を掲げる区長が当選する可能性は十分考えられることから「大阪都構想」が掲げる方針通りに進むとは限らないと筆者は考える。

そもそも公選で選任された新しい区長は、それまでの事業を廃止・縮小することに慎重になるのが普通であるし、事業の縮小には住民・議会は総論賛成であっても、個別の事業の縮小には住民・議会の抵抗・反対はつきものであるからである。

2020（令和2）年11月1日の2度目の「大阪都構想」に示された区割り案は、大阪市を廃止し4特別区（淀川・北・中央・天王寺）に分割するものであった。

4人の特別区長は公選で選出されるために選挙で勝利した区長の公約によっては、必ずしも大阪府知事の方針と同じように区行政が進むとは限らない。区長が反・大阪府知事という事も可能性としては充分あり得るのである。ましてや公選区議会が「特別区」には存在する事になるから、大阪市時代とは違った方針・方向性・政策を持った「地方自治体」である「区議会」が誕生する可能性がある。「大阪都構想」の説明では大阪市が実施してきた様々な市民への住民サービスや事業については、4特別区になっても当面維持されるという事であったが、公選区長・公選区議会によっては将来的には4自治体（特別区）が大阪市時代とは違った、独自の政策・方針に変化していくことがあり得るのである。

ともあれ2020（令和2）年11月1日に行われた2回目の住民投票についても反対が多数となり「大阪都構想」は廃案となり大阪市の存続が決まった。

11月1日の大阪市における住民投票の反対多数を受けて、松井大阪市長は大阪市を存続することを希望する住民が多い、との理解のもと大阪市を存続したまま、現在の「24行政区」を「8総合区」に集約して行政区の権限を強化する「総合区設置条例案」を令和3年2月大阪市定例市議会に提案するとの考えを示した。また大阪市の広域行政を大阪府に一元化する条例案を併せて令和3年2月大阪市議会に提案する意向と伝えられた。

「総合区」制度は政令指定都市が住民自治を強化するため、「区」の役割を強化すべきであるとの第30次地方制度調査会の答申(2013年)から新設された制度である。2016(平成28)年4月から地方自治法の改正により総合区は政令指定都市で導入が可能となった。

政令指定都市は市の地域内に「行政区」を持ち、行政区長の身分は市長が任命する一般職であるが、一方「総合区長」は政令指定都市長が市議会の同意を得て任命する特別職であり、副市長や教育長と同じ身分である。総合区長は市長への提案権を持つ等、行政区長に比べて権限が強いとされる。政府の地方制度調査会において地方分権の推進が議論された結果、地方自治法の改正により導入された制度である。

大阪市は2015年の「大阪都構想」において大阪市を廃止して「5特別区」を設置する案が住民投票で否決されて以降、当時の吉村市長が「24行政区」を「8総合区」に再編する案を公明党の意見を反映させる形で2018年に取りまとめたが、その後2019年に公明党が「大阪都構想」に国政選挙絡みで賛成に転じたため、吉村市長は「総合区」の案を取り下げたという。この「総合区」案は24行政区を人口30万人規模の「8

総合区」に再編し、住民にとり身近な市立保育園、道路、公園等の維持管理を大阪市から「総合区」に移すという。この「総合区」制度への移行については住民投票は不要で大阪市議会の賛成多数のみで可決成立するという。

大阪府吉村知事は2回目の11月1日の住民投票では反対多数となった「大阪都構想」であったが、まだ日も空けない11月10日に大阪市再編案は8総合区案がベストであると発言し周辺を驚愕させた。筆者もこの吉村大阪府知事の発言には大変驚いた。そのように吉村大阪府知事が考えていたのだとしたら、「大阪都構想」が議論されている時に政治家として「総合区案がベスト」であると発言すべきではなかったか。その通りに発言していれば「大阪都構想」の住民投票は2者択一でなく、3者択一の選択の方法もあった可能性がある。2度目の住民投票で「大阪都構想」について否決の結論が出た後の大阪府知事の発言としては、余りにも不適切・無責任な第三者的発言ではなかったか。

住民に身近な業務について「住民自治を強化」するためには、大阪市を存続したまま広域行政の権限を大阪府に一元化し、「総合区」制度へ移行するのがベスト、とは一体どういう事か。

今までの大阪市の事業の進め方について、吉村前大阪市長・現大阪府知事が自らの住民自治の進め方を反省し、脆弱である、問題が多い、と言っているようなことではないか。「総合区」制度が実現した時には多くの事業が大阪府に移行することになるが、そうなると大阪市には行政業務としては一体何が残るのか。これでは大阪市は何をするための団体なのか、との住民からの疑問が出される可能性がある。吉村大阪府知事は大阪府と大阪市との役割分担をもっと明確に大阪府民・大阪市民に示さねばならない。筆者はそうする義務が吉村知事にはあると考える。何故ならば吉村大阪府知事はつい最近まで大阪市を廃止して大阪都を作る事がベストであると発言していたからである。

先の2度の住民投票で残念ながら（と筆者は考える）、大阪都構想は一応の結論が出たのではないか。日を置かずして別の案件で「大阪都構想」を進めようとすることは住民投票の結果を軽んずる事であり、やってはいけない「禁じ手」のような事ではないか。

吉村大阪府知事、松井大阪市長は政治家である以上、各々自ら理想とする政治体制、地方自治の統治構造は当然あるだろう。理想を目指しつつ全国の自治体の首長たちは多少の不満・不足を日常業務の執行で感じながらも、遅々として進まぬ地方自治改革、地方分権改革であっても我慢を重ねながらも日々懸命の努力を続けているはずである。

松井大阪市長、吉村大阪府知事は二度の住民投票の結果、既に「大阪都構想」については結論が出たと考えている多くの大阪市民・大阪府民に対して、改めて「大阪都構想」について十分に説明をすべきではないか。その事なくして「住民自治の強化のための総合区への移行」だと言っても批判や反発を受けるだけではないか。制度上「総合区」への移行について住民投票は必要ない、との話を聞けば尚更の感を大阪市・大阪府民は深めるのではないか。

政治家が自治体や地域の発展、住民の生活の向上のために夢を抱くのは重要な事であり、その夢の実現のために統治構造の改革に向けて現場から声を上げることは、同じく重要な事であるし大いに望ましい事ではあるが、それらは住民の大方の合意が前提でなければならない。この事は民主国家・民主政治で欠くことのできない絶対条件である。住民投票の結果、住民の意向が明白になったにも拘わらず、「総合区」制度で住民の意向を逆なでするが如き行政手法はルール違反であり許されるべきことではない、と筆者は考える。

其の後、大阪市議会、大阪市民の「総合区」移行に関しての多くの反対の声を受け、松井大阪市長、吉村大阪府知事は「総合区」への移行の議案を議会へ上程する事を撤回したとの報道があったが、「当然」と筆者は思った。

大阪府・大阪市に限らず大都市は「地方分権の推進」という大きなミッションの中で国・県・市町村との絡みに意を配しながら、大都市の自立・自律・主権の確保を図るという苦労・苦悩が続く。

だからこそ47都道府県体制を解体しての9道州制の導入＋4特別都市州への転換、則ち統治構造改革が不可欠であると筆者は考える。

参考文献

1　砂原庸介『大阪』中公新書
2　総務省「令和2年国勢調査」令和4年7月22日
3　大阪府茨木市での大阪維新の会主催のタウンミーティングでの発言
4　北村亘『政令指定都市』中公新書
5　総務省　報道資料『平成の合併』ついての公表 平成22年3月5日
6　田中暄二『政令指定都市（20市）の人口・面積の比較』総務省公表平成30年度決算カード
7　朝日新聞「大阪愛知に抜かれた」2018年3月10日朝刊
8　読売新聞「『大阪都』歳出増か減か　11月投票4特別区　モデルは東京　2020年11月2日朝刊1面
9　田中暄二『我が国の望ましい地方分権のあり方についての考察』平成国際大学院法

学研究科修士論文』令和２年度

10　読売新聞　「政令市の市長会　大都市制度の法整備を求める」２０２０年11月６日大阪朝刊

11　産経ビズ「指定都市市長会『特別自治市』の早期実現を提言へ」２０２０年11月９日

12　朝日新聞「都道府県版ＧＤＰ３位に転落」２０１８年３月10日

13　地方自治法　第１条の３【地方公共団体の種類】

14　地方自治法　第２５２条の19（指定都市の職能）

15　総務表公表数値平成30年度

16　横道清隆「日本における道州制の導入論議」自治体国際化協会２００８年３月

17　読売新聞朝刊令和２年８月１日

18　読売新聞「都構想反対多数」２０２０年11月２日朝刊１面

19　読売新聞「大都市制度に一石」２０２０年11月２日朝刊３面

20　読売新聞「府市一元化条例提案へ　大阪成長戦略など都構想否決を受け」２０２０年11月６日大阪朝刊

21　読売新聞「大阪市長総合区提案へ　区の権限強化　公明も議論前向き」２０２０年

11月8日大阪朝刊
22 地方自治法【総合区の設置】第252条の20の2
23 松本英昭『要説　地方自治法』（ぎょうせい　2002年809～811頁）
24 松本英昭『逐条　地方自治法』（学陽書房　第9次改訂版平成29年　1395頁）
25 読売新聞「吉村府知事8総合区案ベスト　大阪市再編案を検討へ」2020年11月
11日大阪朝刊
26 佐伯仁志他『ポケット六法』令和2年度　有斐閣
27 佐々木信夫『新たな日本のかたち』角川新書
28 佐々木信夫『この国のたたみ方』佐々木信夫　新潮新書
29 曽我謙吾『日本の地方政府』中公新書
30 佐々木信夫『道州制』ちくま新書
31 松本英昭『道州制ハンドブック』ぎょうせい
32 曾我謙吾『行政学』有斐閣アルマ
33 飯尾潤『日本の統治機構』中公新書
34 大森彌『分権改革と地方議会』ぎょうせい
35 恒松制治『地方自治の論点』時事通信社

36　大阪市『大阪市財政の現状２０１２年度』

第四章　『令和2年国勢調査』から都市を考える
――従業地・通学地による人口・就業状態等集計結果の概要

用語の解説によれば「従業地・通学地」とは就業者が仕事をしている場所又は通学者が通学している学校の場所を指す。

夜間人口とは調査時（令和2年10月1日）に調査の地域に常住している者をいい、A市の昼間人口とは＝A市の夜間人口―A市からの流出人口＋A市への流入人口をいう。

尚A市からの流出人口とはA市からA市以外への通勤・通学者数を指し、A市への流入人口とはA市以外からA市への通勤・通学者数を指す。

夜間勤務者及び夜間通学者は昼間人口に含まれるが、買い物客や観光客などは含まれない。

「他市区町村」とは従業地・通学地が現在住んでいる市区町村以外の者をいう。

昼夜間人口比率とは、下記の式により算出され、１００を上回っている時は昼間人口が夜間人口を上回る事を示し、１００を下回っている時は昼間人口が夜間人口を下回る事を示している。

【例：A市の昼夜間人口比率の算出方法】

A市の昼夜間人口比率＝（A市の昼間人口／A市の夜間人口）×１００

1　従業地・通学地別の人口

我が国の総人口は１億２６１４万６０９９人であり５年前の国勢調査時に比較して94万８６４６人減少であった。従業地・通学地別にみると「自市区町村」が４７１２万３１６３人（総人口の37・４％）「他市区町村」が３３０５万１２５３人（同26・２％）、「従業も通学もしていない」が４５９７万１６８３人（同36・４％）となっている。「自市区町村」が26万９７２５人増、０・５％の上昇、「他市区町村」が62万２５３２人増、０・７％の上昇、「従業も通学もしていない」は１８４万９０３人減少、１・２％の減少となっている。

２　47都道府県別の従業地・通学地別人口

都道府県別人口に占める従業地・通学地別の割合について「他市区町村」を見ると「他県」は埼玉県が16・８％と最も高く、次いで千葉県（15・４％）、奈良県（14・７％）、神奈川県（14・５％）である。「他市区町村」の「他県」が10％以上の府県は以上４県だけであり、５番目は兵庫県の７・７％である。埼玉県、千葉県、神奈川県の３県は昭和40年代以降各々の県において人口増が続いて来たが、東京都の巨大な衛星県であるが如き発展をしてきた事が、この数字で垣間見る事ができる。奈良県も大阪の衛星県と言って

都道府県	実数（人）								割合（%）							
	総数	従業も通学もしていない 1)	自市区町村			他市区町村			総数	従業も通学もしていない 1)	自市区町村			他市区町村		
				自宅	自宅外		県内	他県				自宅	自宅外		県内	他県
国	126,146,099	45,971,683	47,123,163	6,557,533	40,545,630	33,051,253	26,470,349	6,580,904	100.0	36.4	37.4	5.2	32.1	26.2	21.0	5.2
海道	5,224,614	2,067,464	2,264,804	272,914	1,991,890	892,346	886,661	5,685	100.0	39.6	43.3	5.2	38.1	17.1	17.0	0.1
森県	1,237,984	476,380	618,010	93,220	524,790	143,594	136,007	7,587	100.0	38.5	49.9	7.5	42.4	11.6	11.0	0.6
手県	1,210,534	444,707	601,433	82,971	518,462	164,394	151,292	13,102	100.0	36.7	49.7	6.9	42.8	13.6	12.5	1.1
城県	2,301,996	831,388	879,680	112,126	767,554	590,928	567,496	23,432	100.0	36.1	38.2	4.9	33.3	25.7	24.7	1.0
田県	959,502	382,772	485,926	66,382	419,544	90,804	86,036	4,768	100.0	39.9	50.6	6.9	43.7	9.5	9.0	0.5
形県	1,068,027	384,982	507,952	82,540	425,412	175,093	166,200	8,893	100.0	36.0	47.6	7.7	39.8	16.4	15.6	0.8
島県	1,833,152	682,996	906,816	114,510	792,306	243,340	223,363	19,977	100.0	37.3	49.5	6.2	43.2	13.3	12.2	1.1
城県	2,867,009	1,043,636	1,114,623	169,394	945,229	708,750	540,285	168,465	100.0	36.4	38.9	5.9	33.0	24.7	18.8	5.9
木県	1,933,146	693,065	845,468	117,104	728,364	394,613	310,967	83,646	100.0	35.9	43.7	6.1	37.7	20.4	16.1	4.3
馬県	1,939,110	690,743	823,278	110,988	712,290	425,089	355,671	69,418	100.0	35.6	42.5	5.7	36.7	21.9	18.3	3.6
玉県	7,344,765	2,634,283	2,117,637	340,133	1,777,504	2,592,845	1,359,479	1,233,366	100.0	35.9	28.8	4.6	24.2	35.3	18.5	16.8
葉県	6,284,480	2,284,431	1,907,138	296,635	1,610,503	2,092,911	1,125,039	967,872	100.0	36.4	30.3	4.7	25.6	33.3	17.9	15.4
京都	14,047,594	4,708,309	3,958,357	885,865	3,072,492	5,380,928	4,721,840	659,088	100.0	33.5	28.2	6.3	21.9	38.3	33.6	4.7
奈川県	9,237,337	3,304,271	2,615,057	421,216	2,193,841	3,318,009	1,981,197	1,336,812	100.0	35.8	28.3	4.6	23.7	35.9	21.4	14.5
潟県	2,201,272	812,071	1,014,568	124,405	590,163	374,633	367,534	7,099	100.0	36.9	46.1	5.7	40.4	17.0	16.7	0.3
山県	1,034,814	364,970	487,927	49,593	438,334	181,917	171,433	10,484	100.0	35.3	47.2	4.8	42.4	17.6	16.6	1.0
川県	1,132,526	387,336	540,639	57,810	482,829	204,551	193,555	10,996	100.0	34.2	17.7	5.1	42.6	18.1	17.1	1.0
井県	766,863	256,259	374,440	43,105	331,335	136,164	128,979	7,185	100.0	33.4	48.8	5.6	43.2	17.8	16.8	0.9
梨県	809,974	281,943	322,160	62,091	260,069	205,871	188,208	17,663	100.0	34.8	39.8	7.7	32.1	25.4	23.2	2.2
野県	2,048,011	710,897	983,517	153,210	830,307	353,597	337,862	15,735	100.0	34.7	48.0	7.5	40.5	17.3	16.5	0.8
阜県	1,978,742	696,796	801,744	109,643	692,101	480,202	349,441	130,761	100.0	35.2	40.5	5.5	35.0	24.3	17.7	6.6
岡県	3,633,202	1,289,349	1,550,337	199,412	1,350,925	793,516	748,986	44,530	100.0	35.5	42.7	5.5	37.2	21.8	20.6	1.2
知県	7,542,415	2,565,900	2,728,433	340,860	2,387,573	2,248,082	2,146,772	101,310	100.0	34.0	36.2	4.5	31.7	29.8	28.5	1.3
重県	1,770,254	637,185	799,058	83,016	716,042	334,011	270,551	63,460	100.0	36.0	45.1	4.7	40.4	18.9	15.3	3.6
賀県	1,413,610	488,871	560,963	60,400	500,563	363,776	263,324	100,452	100.0	34.6	39.7	4.3	35.4	25.7	18.6	7.1
都府	2,578,087	966,704	865,024	136,021	729,003	746,359	568,958	177,401	100.0	37.5	33.6	5.3	28.3	29.0	22.1	6.9
阪府	8,837,685	3,401,260	2,502,011	336,344	2,165,667	2,934,414	2,607,839	326,575	100.0	38.5	28.3	3.8	24.5	33.2	29.5	3.7
庫県	5,465,002	2,105,676	1,878,279	211,604	1,666,675	1,481,047	1,059,243	421,804	100.0	38.5	34.4	3.9	30.5	27.1	19.4	7.7
良県	1,324,473	534,838	378,752	59,562	319,190	410,883	215,560	195,323	100.0	40.4	28.6	4.5	24.1	31.0	16.3	14.7
歌山県	922,584	361,751	408,817	66,477	342,340	152,016	115,378	36,638	100.0	39.2	44.3	7.2	37.1	16.5	12.5	4.0
取県	553,407	200,621	277,187	33,015	244,172	75,599	65,459	10,140	100.0	36.3	50.1	6.0	44.1	13.7	11.8	1.8
根県	671,126	243,667	374,321	38,551	335,770	53,138	43,872	9,266	100.0	36.3	55.8	5.7	50.0	7.9	6.5	1.4
山県	1,888,432	699,269	831,701	94,016	737,685	357,462	331,814	25,648	100.0	37.0	44.0	5.0	39.1	18.9	17.6	1.4
島県	2,799,702	1,018,765	1,214,445	119,932	1,094,513	566,492	536,956	29,536	100.0	36.4	43.4	4.3	39.1	20.2	19.2	1.1
口県	1,342,059	533,943	652,546	58,451	594,095	155,570	133,813	21,757	100.0	39.8	48.6	4.4	44.3	11.6	10.0	1.6
島県	719,559	284,540	300,093	49,912	250,181	134,926	127,385	7,541	100.0	39.5	41.7	6.9	34.8	18.8	17.7	1.0
川県	950,244	356,930	435,091	50,703	384,388	158,223	148,206	10,017	100.0	37.6	45.8	5.3	40.5	16.7	15.6	1.1
媛県	1,334,841	523,727	695,127	81,961	613,166	115,987	108,105	7,882	100.0	39.2	52.1	6.1	45.9	8.7	8.1	0.6
知県	691,527	274,293	323,716	46,847	276,869	93,518	90,122	3,396	100.0	39.7	46.8	6.8	40.0	13.5	13.0	0.5
岡県	2,135,214	1,911,188	1,834,201	223,720	1,610,481	1,389,825	1,313,910	75,915	100.0	37.2	35.7	4.4	31.4	27.1	25.6	1.5
賀県	811,442	286,881	366,708	54,222	312,486	157,853	116,298	41,555	100.0	35.4	45.2	6.7	38.5	19.5	14.3	5.1
崎県	1,312,317	509,988	668,655	73,411	595,244	133,674	121,510	12,164	100.0	38.9	51.0	5.6	45.4	10.2	9.3	0.9
本県	1,738,301	645,658	711,591	118,260	593,331	381,052	358,683	22,369	100.0	37.1	40.9	6.8	34.1	21.9	20.6	1.3
分県	1,123,852	437,884	582,401	59,151	523,250	103,567	90,734	12,833	100.0	39.0	51.8	5.3	46.6	9.2	8.1	1.1
崎県	1,069,576	405,610	569,861	70,970	498,891	94,105	85,178	8,927	100.0	37.9	53.3	6.6	46.6	8.8	8.0	0.8
児島県	1,588,256	608,474	846,997	91,182	755,815	132,785	122,444	10,341	100.0	38.3	53.3	5.7	47.6	8.4	7.7	0.7
縄県	1,467,480	539,012	595,674	53,678	541,996	332,794	330,704	2,090	100.0	36.7	40.6	3.7	36.9	22.7	22.5	0.1

不詳補完値による
労働力状態「完全失業者」、「家事」及び「その他」

従業地・通学地別人口—都道府県（2020年）

良い。４県以外の都道府県では全てが10％未満であるが兵庫県（７・７％）、滋賀県（７・１％）、京都府（６・９％）、岐阜県（６・６％）、茨城県（５・９％）、佐賀県（５・１％）、東京都（４・７％）と続く。尚全国では５・２％の人が他県に勤務・通学している。

「県内」は東京都が33・６％と最も高く、次いで大阪府（29・５％）、愛知県（28・５％）、福岡県（25・６％）、宮城県（24・７％）、山梨県（23・２％）、沖縄県（22・５％）、京都府（22・１％）、神奈川県（21・４％）、熊本県（20・６％）、静岡県（20・６％）と続く。20・０％超は以上の11県であるが、我が国を代表する経済圏である東京都、大阪府、愛知県、福岡県が上位に入っているが、神奈川県は３つの政令指定都市を有するにしては21・４％と低い値である。

「自市区町村」は島根県が55・８％と最も高く、次いで鹿児島県（53・３％）、宮崎県（53・３％）となっている。従業地・通学地に関して他市区町村の割合が１桁の県は秋田県（９・５％）、島根県（７・９％）、愛媛県（８・７％）、大分県（９・２％）、宮崎県（８・８％）、鹿児島県（８・４％）の６県であった。つまり自市区町村の割合が比較的高い、ということになる。原因はいろいろあるが６県の県民にとって鉄道網・道路網の交通網の整備は充分に進んでいるのだろうか。６県の県民は自分の希望する職種についているのだろうか。職種を選択するに足る多くの勤務先に恵まれているのだろうか。

3　47都道府県別の昼間人口、夜間人口及び昼夜間人口比率

(1) 昼間人口

47都道府県で昼間人口は東京都（1675万1563人）が最大であり、前回の国勢調査（2015年）よりも50万8160人増加した。2位の大阪府（922万7865人）の1・81倍、3位の神奈川県（830万5714人）の2・04倍にも達する。東京都の一極集中という言葉が昼間人口数を見るとはっきり裏付けられる。活発な企業活動や充実した教育・学校施設等により周辺の府県から多くの人々が東京都に流入していることが理解できる。4位は愛知県（763万7684人）、5位埼玉県（643万4818人）、6位千葉県（554万9636）、7位北海道（522万3011人）、8位兵庫県（520万9889人）、9位福岡県（513万6448人）、と続く。昼間人口が500万人超は以上9都道府県である。

一方、昼間人口での最小は鳥取県（55万3407人）、2番目は島根県（67万2099人）、3番目高知県（69万1527人）、4番目徳島県（71万9559人）、5番目福井県（76万6863人）、6番目山梨県（80万9974人）、7番目佐賀県（81万7005人）、8番目和歌山県（90万7795人）、9番目香川県（95万1414人）、10番目秋田県

都道府県	昼間人口（人）		夜間人口（人）		昼夜間人口比率				ポイント差
	2015年（平成27年）	2020年（令和2年）	2015年（平成27年）	2020年（令和2年）	2015年（平成27年）	順位	2020年（令和2年）	順位	2015年～2020年
全　国	127,094,745	126,146,099	127,094,745	126,146,099	100.0	―	100.0	―	0.0
北海道	5,378,574	5,223,011	5,381,733	5,224,614	99.9	16	100.0	17	0.0
青森県	1,306,221	1,236,694	1,308,265	1,237,984	99.8	25	99.9	23	0.1
岩手県	1,277,109	1,208,267	1,279,594	1,210,534	99.8	27	99.8	28	0.0
宮城県	2,340,238	2,303,524	2,333,899	2,301,996	100.3	6	100.1	14	-0.2
秋田県	1,020,663	957,802	1,023,119	959,502	99.8	31	99.8	26	0.1
山形県	1,120,463	1,065,256	1,123,891	1,068,027	99.7	32	99.7	30	0.0
福島県	1,918,157	1,834,783	1,914,039	1,833,152	100.2	8	100.1	12	-0.1
茨城県	2,841,612	2,798,933	2,916,976	2,867,009	97.4	40	97.6	40	0.2
栃木県	1,954,842	1,913,612	1,974,255	1,933,146	99.0	37	99.0	37	-0.0
群馬県	1,971,205	1,939,475	1,973,115	1,939,110	99.9	21	100.0	16	0.1
埼玉県	6,352,309	6,434,818	7,266,534	7,344,765	87.4	47	87.6	47	0.2
千葉県	5,486,015	5,549,636	6,222,666	6,284,480	88.2	46	88.3	46	0.1
東京都	16,243,403	16,751,563	13,515,271	14,047,594	120.2	1	119.2	1	-0.9
神奈川県	8,196,565	8,305,714	9,126,214	9,237,337	89.8	44	89.9	45	0.1
新潟県	2,302,596	2,200,535	2,304,264	2,201,272	99.9	19	100.0	18	0.0
富山県	1,064,187	1,032,879	1,066,328	1,034,814	99.8	28	99.8	27	0.0
石川県	1,156,324	1,134,490	1,154,008	1,132,526	100.2	10	100.2	7	-0.0
福井県	786,997	768,409	786,740	766,863	100.0	14	100.2	6	0.2
山梨県	829,417	804,590	834,930	809,974	99.3	36	99.3	36	-0.0
長野県	2,094,478	2,042,473	2,098,804	2,048,011	99.8	29	99.7	31	-0.1
岐阜県	1,950,497	1,906,495	2,031,903	1,978,742	96.0	42	96.3	42	0.4
静岡県	3,693,931	3,627,009	3,700,305	3,633,202	99.8	26	99.8	25	0.0
愛知県	7,590,559	7,637,684	7,483,128	7,542,415	101.4	4	101.3	4	-0.2
三重県	1,783,804	1,742,174	1,815,865	1,770,254	98.2	38	98.4	38	0.2
滋賀県	1,363,816	1,366,079	1,412,916	1,413,610	96.5	41	96.6	41	0.1
京都府	2,659,386	2,629,414	2,610,353	2,578,087	101.9	3	102.0	3	0.1
大阪府	9,245,167	9,227,865	8,839,469	8,837,685	104.6	2	104.4	2	-0.2
兵庫県	5,272,203	5,209,889	5,534,800	5,465,002	95.3	43	95.3	43	0.1
奈良県	1,224,103	1,195,079	1,364,316	1,324,473	89.7	45	90.2	44	0.5
和歌山県	946,239	907,795	963,579	922,584	98.2	39	98.4	39	0.2
鳥取県	572,563	552,250	573,441	553,407	99.8	24	99.8	29	-0.1
島根県	694,964	672,099	694,352	671,126	100.1	11	100.1	9	0.1
岡山県	1,922,577	1,890,186	1,921,525	1,888,432	100.1	12	100.1	11	0.0
広島県	2,850,046	2,803,893	2,843,990	2,799,702	100.2	9	100.1	8	-0.1
山口県	1,399,191	1,337,227	1,404,729	1,342,059	99.6	34	99.6	34	0.0
徳島県	752,867	716,553	755,733	719,559	99.6	33	99.6	35	-0.0
香川県	978,862	951,414	976,263	950,244	100.3	7	100.1	10	-0.1
愛媛県	1,385,333	1,335,909	1,385,262	1,334,841	100.0	15	100.1	13	0.1
高知県	727,443	690,651	728,276	691,527	99.9	23	99.9	24	-0.0
福岡県	5,103,248	5,136,448	5,101,556	5,135,214	100.0	13	100.0	15	-0.0
佐賀県	836,717	817,005	832,832	811,442	100.5	5	100.7	5	0.2
長崎県	1,374,174	1,308,735	1,377,187	1,312,317	99.8	30	99.7	32	-0.1
熊本県	1,777,601	1,732,343	1,786,170	1,738,301	99.5	35	99.7	33	0.1
大分県	1,165,478	1,123,167	1,166,338	1,123,852	99.9	20	99.9	20	0.0
宮崎県	1,103,353	1,068,556	1,104,069	1,069,576	99.9	18	99.9	22	-0.0
鹿児島県	1,646,565	1,586,860	1,648,177	1,588,256	99.9	22	99.9	21	0.0
沖縄県	1,432,683	1,466,856	1,433,566	1,467,480	99.9	17	100.0	19	0.0

注）不詳補完値による

昼間人口、夜間人口及び昼夜間人口比率―都道府県（2015 年～ 2020 年）

（95万７８０２人）であり、昼間人口が１００万人未満の県は以上10県である。

また昼間人口が１００万人～１５０万人未満は、北から青森県（１２３万人）、岩手県（１２０万人）、山形県（１０６万人）、富山県（１０３万人）、石川県（１１３万人）、滋賀県（１３６万人）、奈良県（１１９万人）、山口県（１３３万人）、愛媛県（１３３万人）、長崎県（１３０万人）、大分県（１１２万人）、宮崎県（１０６万人）、沖縄県（１４６万人）の13県に及ぶが、そのうち5年前の国勢調査と比較して微増ではあるが、昼間人口が増加しているのは滋賀県（＋２２６３人）、沖縄県（＋３４１７３人）の2県である。

昼間人口が増えているのは東京都、神奈川県、埼玉県、千葉県、愛知県、福岡県、沖縄県、滋賀県の8都県であった。大阪府の昼間人口が5年前の国勢調査に比して１７３０２人の減少になった事は関係者に衝撃を与えたに違いない。

（2）夜間人口

夜間人口は定住人口とも言われるものであるが、全国では1億２６１４万６０９９人であり、5年前の国勢調査（２０１５年）よりも94万８６４６人減少した。我が国においては香川県や秋田県に匹敵する程の人口が5年間で減少した事になる。トップは東京都（１４０４万７５９４人）であり、前回の国勢調査よりも53万２３２３人増加した。２位神奈川県（923万7337人）、3位大阪府（883万7685人）、4位愛知県（754万2415人）、5位埼玉県（734万4765人）、6位千葉県（628万4480人）、7位兵庫県（546万5002人）、8位北海道（522万4614人）、9位福岡県（513万5214人）であり、夜間人口が500万人を超すのは以上9都道府県である。

夜間人口が1番少ない県は鳥取県（55万3407人）、2番目は島根県（67万1126人）、3番目高知県（69万1527人）、4番目徳島県（71万9559人）、5番目福井県（76万6863人）、6番目山梨県（80万9974人）、7番目佐賀県（81万1442人）、8番目和歌山県（92万2584人）、9番目香川県（95万2444人）、10番目秋田県（95万9502人）である。夜間人口が100万人未満は以上10県である。また夜間人口が100万人～150未満の県は、青森県（123万人）、岩手県（121万人）、山形県（106万人）、富山県（103万人）、石川県（113万人）、滋賀県（141万人）、奈良県（132万人）、山口県（134万人）、愛媛県（133万人）、長崎県（131万人）、大分県（112万人）、宮崎県（110万人）、沖縄県（143万人）の13県であるが、そのうち5年前の国勢調査と比較して夜間人口が微増ながらも増加しているのは、滋賀県（＋694人）、沖縄県（＋3万3914人）の2県のみであり、その他の県は夜間人口の減少が明らかであり、間もなく夜間県人口が100万人を切る県が増加する事が懸念される。また夜間人口が増加しているのは東京都、神奈川県、埼玉県、千葉県、愛知県、滋賀県、福岡県、沖縄県の8県だけであった。増加人口の最大は東京都の53万2323人であった。大阪府の夜間人口が1784人とはいえ5年前の国勢調査と比較して減少した。夜間人口（総人口）の全国的な減少傾向について政府は更に危機感を持つべきであり、人口増のための子育て支援策、即ち子どもを生み易い育て易い環境整備については、具体的な支援策を政府・自治体あげて緊張感を持ちながら対応策を講じるべきである。近い将来の我が国の国力低下が懸念される大きな問題である。令和4（2022）年12月21日の読売新聞朝刊によれば厚生労働省の発表として、令和4（2022）年の出生数は我が国で初めて80万人を下回る見込みとの事。かつて昭和22年~25年の団塊の世代と言われた時代の出生数は年間最大270万人超であったことを考えると隔世の感がある。

少子化は世界の先進国に共通する悩みではあるが、我が国の将来共の名誉ある地位の確保のためにも、出生数の増加は国家として最重要課題として取り組むことが求められる。

（3）昼夜間人口比率

昼夜間人口比率のトップは東京都の119・2、第2位は大阪府の104・4、第3位京都府１０２・０、第４位愛知県１０１・３、第５位佐賀県１００・７、であるが第１位〜第５位までの順位は５年前の前回の国勢調査と同様である。第６位福井県１００・２、第７位石川県１００・２、第８位広島県１００・１、第９位島根県１００・１、第10位香川県１００・１、第11位岡山県１００・１、第12位福島県１００・１、第13位愛媛県１００・１、第14位宮城県１００・１、第15位福岡県１００・０、第16位群馬県１００・０、第17位北海道１００・０、第18位新潟県１００・０、第19位沖縄県１００・０、と以上の通り19都道府県の昼夜間人口比率が１００・０以上である。

東京都の昼夜間人口比率１１９・２は群を抜く高い数値である。大阪府の１０４・４も関西地区においての中枢性・拠点性は素晴らしい。第３位の京都府は愛知県を抑えての１０２・０である。観光客は昼夜間人口比率には参入されない数値であるから、京都府は大阪府に近接した位置にありながら、都市としての中枢性・集中力・拠点性を持っていることが理解できる。第４位の愛知県は産業面からも相応の数値と考えられる。

昼夜間人口比率が１００未満の28県をワーストからあげてみる。第47位は埼玉県87・6、第46位千葉県88・3、第45位神奈川県89・9、のワースト３県は、５年前（２０１５年）の国勢調査と同じ順位であるが、昼夜間人口比率が90・０未満の県はこの３県だけである。昼夜間人口比率全国第１位１１９・２の東京都の隣接県として、我が国の発展を支えてきた3県の貢献を否定するわけではないが、しかしこのような昼夜間人口比率の数値を見ると3県における県独自の人材の育成について物足りなさを感じる。東京都に「おんぶに抱っこ」のような状況が長く続いた結果、との指摘もできるのではないか。あたかも3県は東京都の巨大な衛星都市的な県に陥っている、ともいえる状況ではないか。昼間人口と夜間人口との差は埼玉県91万人、千葉県74万人、神奈川県93万人であり、東京都への周辺県からの流入人口は271万人である。

明治新政府以来、我が国は政府の方針として東京一極集中による発展を国是として取り組み、幹線鉄道網や幹線道路網の建設を東京都を中心に放射線状に整備して来た。その事が端的に表れている例を挙げる。西武所沢駅から池袋駅までの所要時間は30分足らずであるが、所沢駅からJR川口駅までは乗換時間を含めて60分超の所要時間である。埼玉県を代表する人口30万人超の所沢市と人口60万人超の川口市の2つの都市を繋ぐ鉄道としては、東京一極集中としての政府の方針があったとしても、埼玉県として十分な都市計画に基づく整備があった、とは言い難い状況が長らく続いて来た結果と指摘せざるを得ない。埼玉県の東西を結ぶ鉄道網や道路網整備については、もう少し早い段階で埼玉県は政府と一体となった整備計画を進めるべきであったと筆者は考える。3県からは勤労者や学生の多くが東京都を中心とした県外に流出しているのは昼夜間人口比率から明らかである。厳しい言い方をすれば埼玉県内の自治体の中で、県内の自治体を見るよりも東京都を見ながら公務に励んできた歴代埼玉県知事、首長・議員が多かったのではなかったか。我が国の地方の統治制度が政府による中央集権的な統治構造を改めて、真に地方分権に相応しい国家建設が望まれている時にあたり、現状に懸念・不安を覚える。

全国の昼夜間人口比率ワースト３県以降は、44位奈良県90・2、43位兵庫県95・3、42位岐阜県96・3、41位滋賀県96・6、40位茨城県97・6、39位和歌山県98・4、38位三重県98・4、37位栃木県99・0、36位山梨県99・3、35位徳島県99・6、34位山口県99・6、33位熊本県99・7、32位長崎県99・7、31位長野県99・7、30位山形県99・7、29位鳥取県99・8、28位岩手県99・8、27位富山県99・8、26位秋田県99・8、25位静岡県99・8、24位高知県99・9、23位青森県99・9、22位宮崎県99・9、21位鹿児島県99・9、20位大分県99・9であり、以上が昼夜間人口比率100・0未満の28県である。大阪府の周辺である奈良県の昼夜間人口比率はワースト４位の90・2、兵庫県はワースト５位の95・3である。それぞれが大阪府、京都府方面への通勤者・通学者が多数であると理解できる。

4　20政令指定都市及び東京都23特別区部の昼間人口、夜間人口及び昼夜間人口比率

(1) 昼間人口

東京都特別区部が１２８７万１７３人と最も多く、次いで大阪市（３６４万５９２１人）、３番目横浜市（３４４万70人）、４番目名古屋市（２６０万９７４５人）、５番目札幌市（１９６万８３３８人）、６番目福岡市（１７６万９６４３人）、７番目京都市（１５９万４９３０人）、８番目神戸市（１５６万４００７人）、９番目川崎市（１２８万５２８５人）、10番目広島市（１２１万３１０４人）、11番目さいたま市（１２０万４０８０人）、12番目仙台市（１１５万４５８６人）であるが、昼夜人口が１００万人超は以上の東京都特別区23区及び政令指定都市11市である。20政令指定都市中、昼間人口が１００万人未満の政令指定都市は９市であるが、最も少ないのは相模原市（62万人）、次いで静岡市（71万人）、熊本市（74万人）、岡山市（74万人）、堺市（77万人）、浜松市（78万人）、新潟市（79万人）、千葉市（94万人）、北九州市（95万人）である。

東京都特別区23区全体で昼間人口と夜間人口（定住者）との差が23特別区内に流入してくる人数であるが、東京都23区全体で約３１３万人超であり、大阪市においては約

90万人が大阪市24行政区に流入している。名古屋市へ約27万人の流入、福岡市へ約15万人の流入、京都市へ約13万人の流入である。逆に横浜市民は市外の事業所への通勤、通学のため連日、約33万人が東京方面に流出していることになる。川崎市は約25万人の流出、相模原市は約10万人の流出、さいたま市は約12万人が東京方面への流出人口である。横浜市はじめ川崎市、相模原市、さいたま市が政令指定都市でありながらも「巨大な東京都の衛星都市」といわれる所以である。また大阪市、名古屋市、福岡市、京都市は周辺の府県や自治体からの流入者が多く、それぞれの地区を代表する中枢性・中核性・拠点性の高い都市であることがこのデータからも裏付けられた。このような都市は周辺自治体の住民から見て魅力的な自立性・自律性の高い都市と言える。

（2）夜間人口

夜間人口は定住人口ともいわれるがトップは東京都23特別区部（９７３万３２７６人）であり、次いで横浜市（３７７万７４９１人）、３番目大阪市（２７５万２４１２人）、４番目名古屋市（２３３万２１７６人）、５番目札幌市（１９７万３３９５人）、６番目福岡市（１６１万２３９２人）、７番目川崎市（１５３万人）、８番目神戸市（１５２万人）、９番目京都市（１４６万人）、10番目さいたま市（１３２万人）、11番目広島市（１２０万人）、12番目仙台市（109万人）と続く。

20政令指定都市中、夜間人口が200万人を超えるのは横浜市、大阪市、名古屋市の3市だけであり、人口100万人~200万人未満は8市、100万人未満市は9市である。夜間人口が最も少ないのは静岡市（69万人）であり、次いで岡山市（72万人）、3番相模原市（72万人）、4番熊本市（73万人）、5番新潟市（78万人）、6番浜松市（79万人）、7番堺市（82万人）、8番北九州市（93万人）、9番千葉市（97万人）と続く。20政令指定都市中、前回の国勢調査（2015年）に比して夜間人口が減少した市は京都市、静岡市、神戸市、北九州市、新潟市、熊本市、浜松市、堺市の8市に及ぶ。政令指定都市とはそもそも府県の中枢を担い、府県内では最も賑わいのある都市であるはずであるが、その府県の中心都市である政令指定都市でさえ人口が減少傾向にある都市が20市中8市にも及ぶ、との実態について政府は強い危機感を持つべきではないか。

（3）昼夜間人口比率

昼夜間人口比率は大阪市が132・5で前回トップの東京都23特別区部132・2を抑えて第1位であった。第3位名古屋市111・9、第4位福岡市109・8、第5位京都市109・0、第6位仙台市105・3、第7位岡山市103・1、第8位静岡市

順位 1)	政令指定都市・東京都特別区部	昼間人口（人）		夜間人口（人）		昼夜間人口比率		ポイント差
		2015年（平成27年）	2020年（令和2年）	2015年（平成27年）	2020年（令和2年）	2015年（平成27年）	2020年（令和2年）	2015年～2020年
1（2）	大阪府 大阪市	3,604,478	3,645,921	2,691,185	2,752,412	133.9	132.5	-1.5
2（1）	東京都 特別区部	12,422,921	12,870,173	9,272,740	9,733,276	134.0	132.2	-1.7
3（3）	愛知県 名古屋市	2,594,841	2,609,745	2,295,638	2,332,176	113.0	111.9	-1.1
4（4）	福岡県 福岡市	1,705,028	1,769,643	1,538,681	1,612,392	110.8	109.8	-1.1
5（5）	京都府 京都市	1,610,077	1,594,930	1,475,183	1,463,723	109.1	109.0	-0.2
6（6）	宮城県 仙台市	1,147,592	1,154,586	1,082,159	1,096,704	106.0	105.3	-0.8
7（7）	岡山県 岡山市	746,795	747,281	719,474	724,691	103.8	103.1	-0.7
8（8）	静岡県 静岡市	726,526	713,745	704,989	693,389	103.1	102.9	-0.1
9（9）	兵庫県 神戸市	1,576,599	1,564,007	1,537,272	1,525,152	102.6	102.5	-0.0
10（10）	福岡県 北九州市	984,519	959,146	961,286	939,029	102.4	102.1	-0.3
11（12）	新潟県 新潟市	821,867	798,479	810,157	789,275	101.4	101.2	-0.3
12（13）	広島県 広島市	1,210,470	1,213,104	1,194,034	1,200,754	101.4	101.0	-0.3
13（11）	熊本県 熊本市	753,492	746,115	740,822	738,865	101.7	101.0	-0.7
14（14）	北海道 札幌市	1,952,057	1,968,338	1,952,356	1,973,395	100.0	99.7	-0.2
15（15）	静岡県 浜松市	792,567	784,884	797,980	790,718	99.3	99.3	-0.1
16（16）	千葉県 千葉市	944,023	946,610	971,882	974,951	97.1	97.1	-0.0
17（17）	大阪府 堺市	782,117	770,547	839,310	826,161	93.2	93.3	0.1
18（19）	神奈川県 横浜市	3,369,948	3,440,070	372,484	3,777,491	904.7	91.1	0.6
19（18）	埼玉県 さいたま市	1,155,613	1,204,080	1,263,979	1,324,025	91.4	90.9	-0.5
20（20）	神奈川県 相模原市	619,393	625,027	720,780	725,493	85.9	86.2	0.2
21（21）	神奈川県 川崎市	1,252,752	1,285,285	1,475,213	1,538,262	84.9	83.6	-1.4

注）不詳補完値による
1）2020年の昼夜間人口比率による。なお、（　）は、2015年の昼夜間人口比率による。

昼間人口、夜間人口及び昼夜間人口比率
—政令指定都市及び東京都特別区部（2015年～2020年）

102・9、第9位神戸市102・5、第10位北九州市102・1、第11位新潟市101・2、第12位広島市101・0、第13位熊本市101・0である。以上の通り東京都23特別区部及び12の政令指定都市の昼夜間人口比率が100・0以上であった。大阪市及び東京都23特別区部が132・5、132・2の昼夜間人口比率であり、全国で圧倒的に中枢性・拠点性を有していることが理解できる。大阪市には毎日89万3千人、東京都23区特別区には313万7千人の流入者があるという事である。また、名古屋市には27万7千人、福岡市には15万7千人、京都市には13万1千人の流入者があることがわかる。昼夜間人口比率が100を上回る自治体とは、市外から事業所や学校への通勤・通学者等、多くの流入人口によって賑わう街である。

昼夜間人口比率が100未満の市を低い順にあげると、川崎市83・6、2番目相模原市86・2、3番目さいたま市90・9、4番目横浜市、5番目堺市93・3、6番目千葉市97・1、7番目浜松市99・3、8番目札幌市99・7である。川崎市は東京都に隣接している事から市民25万3千人が市外の自治体へ流出し、横浜市は33万7千人が市外へ流出していることになる。同様に相模原市は10万人が、さいたま市は12万人が、千葉市は2万8千人が市外へ流出していることになる。昼夜間人口比率が100を下回る自治体はベッドタウン的・住宅地的な性格を持つ都市と言える。

政令指定都市は本来地域を代表する賑やかな地域の拠点都市・中枢都市であるはずだが、20政令指定都市中、8市の昼夜間人口比率が100・0を下回っているとの状況が明らかになった。筆者には、このことは我が国における現行の地方統治制度について、大きな問題提起をしているような気がしてならない。

昼夜間人口比率が100%を超す都市は、当該都市に暮らす定住者分に応じた都市基盤や上下水道や交通網等の整備をすれば充分、という事にはならない。このような大都市は他の府県や自治体からの流入者が利用する道路網、上下水道等の整備を流入者のために大都市の予算で整備をしなくてはならないのである。中でも消防・防災・救急等の機能の充実は昼間人口に応じた規模での対応が必要・不可欠である。我が国においては近年大規模自然災害が頻繁に発災した事もあり、住民の消防・防災・警察行政に対する関心は高く、各種世論調査がその事を示している。逆に昼夜間人口比率が１００％未満の都市は人口規模に応じた、即ち定住人口に応じて各種計画の立案・整備をすれば充分という事になる。

京都市の昼夜間人口比率は全国５番目の１０９・０であるが、京都市は大阪市とは別個の中核性・中枢性・求心性を持つ都市として考えられる。個性豊かな歴史を重ねてきた都市であるから、と言って良いのではないか。

５　大阪市の昼間人口、夜間人口及び昼夜間人口比率―大阪市（２０２０年）

大阪市は我が国を代表する自治体であり都市としての歴史も古く、抜群の知名度を有し独特の存在感のある都市と言っていい。一方で大手企業の本社機能の東京都への移転に見られるように、経済面での地盤低下が叫ばれている。そこで大都市として様々な課題を抱えている大阪市の実態を分析する。大阪市は今後共に東京に対抗し得る自治体となり得るのか。

『令和2年国勢調査』によれば政令指定都市である大阪市は24行政区を有し、昼間人口364万5921人、夜間人口は275万2412人、昼夜間人口比率は132・5である。つまり大阪市へは周辺自治体から連日89万3千人の流入人口があるという事である。

（1）昼間人口

24行政区で最も昼間人口が多いのは中央区53万5千人、2番目北区48万7千人、3番目淀川区22万8千人、4番目西区19万人、5番目東淀川区15万8千人である。昼間人口の最小区は大正区の6万5千人であり、人口が10万人以下の区は此花区8万6千人、福島区9万1千人、大正区6万5千人、西淀川区9万9千人、港区、都島区、東成区、旭区、鶴見区であり9の区を数える。大阪市は中央・北地区の昼間人口が多い。

（2）夜間人口

定住人口たる夜間人口が1番多いのは平野区19万2千人、2番目淀川区18万3千人、3番目東淀川区17万7千人、4番目城東区16万9千人、5番目住吉区15万3千人、6番目北区13万9千人である。24行政区中、夜間人口が20万人超の区は無く、10万人から20万人未満の区が15区、10万人未満の区が9区である。夜間人口最小区は大正区の6万2千人で、2番目に少ないのは此花区6万5千人、3番目に少ないのは浪速区7万5千人である。

24行政区の人口規模は他の政令指定都市の行政区と比較すると、やや小規模な人口と言える。一方、大阪市に隣接する大阪府下の市の人口規模は20万人超等の都市が10市を数える。この現実が現在の大阪市の悩み・問題点に起因していると筆者は考える。即ち大阪市の行政面積は２２５㎢、堺市の行政面積は１４９㎢と政令指定都市としては２市ともに面積が狭く、加えて大阪市周辺の10市の面積は20㎢に満たない市が5市もあるなど『大阪』は一体的な行政を進めるにあたり、人口規模に比して自治体数が多すぎるとの問題を抱えてきた。つまり人口規模に比して自治体の面積が小さいのである。過去においても大阪市の市域拡張のついては大阪府知事、大阪市長等が課題として認識し、それなりの意欲的な行動をしてきた経過がある。そもそも関西地区は関東に比して都市としての歴史が古い分だけ各々の地域・都市に各々の歴史があり、一体的にまとまりずらい傾向があると言われる。

（3）昼夜間人口比率

昼夜間人口比率は大阪市全体では132・5であり20政令指定都市中のトップである。24行政区では中央区が516・6と最も高く、次いで北区349・5、3番目西区179・7、4番目天王寺区153・9、5番目浪速区137・3……である。24行政区中13の区において昼間人口が夜間人口を上回っている。夜間人口比率が100・0未満の11の区の中で最も比率が低いのは24番目鶴見区83・5、次に23番目城東区83・8、22番目東住吉区85・5、21番目住吉区87・8、20番目旭区87・9、19番目平野区88・8……である。昼夜間人口比率が90未満の区が7区、90〜100未満の区が3区となっている。昼夜間人口比率は中央区516・6、北区349・5が特に高い。大阪市の西半分が昼夜間人口比率は100を超えるが東半分の11の区は全てが比率100以下であり東西は対照となっている。大阪市の西半分は事業所、学校が多く、東半分は住宅地、ベッドタウン的な地区である。

東京都23特別区と比較して大阪市24区は各々の人口・面積共に小規模との印象を禁じ得ない。そもそも地方自治法の定めにより東京都23の区は各々が独立した自治体であり

順位 1)	区	昼間人口（人）		夜間人口（人）		昼夜間人口比率		ポイント差
		2015年（平成27年）	2020年（令和2年）	2015年（平成27年）	2020年（令和2年）	2015年（平成27年）	2020年（令和2年）	2015年～2020年
	大阪市	3,604,478	3,645,921	2,691,185	2,752,412	133.9	132.5	-1.5
1 (1)	中央区	519,650	535,834	93,069	103,726	558.3	516.6	-41.8
2 (2)	北　区	458,394	487,123	123,667	139,376	370.7	349.5	-21.2
3 (3)	西　区	184,949	190,260	92,430	105,862	200.1	179.7	-20.4
4 (4)	天王寺区	124,897	126,423	75,729	82,148	164.9	153.9	-11.0
5 (5)	浪速区	101,321	103,633	69,766	75,504	145.2	137.3	-8.0
6 (7)	此花区	84,506	86,518	66,656	65,251	126.8	132.6	5.8
7 (6)	淀川区	226,198	228,358	176,201	183,444	128.4	124.5	-3.9
8 (9)	住之江区	142,755	144,533	122,988	120,072	116.1	120.4	4.3
9 (8)	福島区	89,759	91,393	72,484	79,328	123.8	115.2	-8.6
10 (10)	阿倍野区	119,781	119,223	107,626	110,995	111.3	107.4	-3.9
11 (13)	大正区	67,585	65,287	65,141	62,083	103.8	105.2	1.4
12 (11)	西淀川区	99,361	99,274	95,490	95,864	104.1	103.6	-0.5
13 (12)	港　区	85,130	83,295	82,035	80,948	103.8	102.9	-0.9
14 (14)	西成区	110,345	104,163	111,883	106,111	98.6	98.2	-0.5
15 (17)	都島区	96,730	99,917	104,727	107,904	92.4	92.6	0.2
16 (16)	生野区	121,942	117,253	130,167	127,309	93.7	92.1	-1.6
17 (15)	東成区	77,001	76,482	80,563	84,906	95.6	90.1	-5.5
18 (18)	東淀川区	158,764	158,036	175,530	177,120	90.4	89.2	-1.2
19 (20)	平野区	174,710	170,668	196,633	192,152	88.9	88.8	-0.0
20 (19)	旭　区	82,066	78,842	91,608	89,670	89.6	87.9	-1.7
21 (21)	住吉区	136,060	134,308	154,239	153,056	88.2	87.8	-0.5
22 (22)	東住吉区	109,303	109,278	126,299	127,849	86.5	85.5	-1.1
23 (23)	城東区	139,137	141,717	164,697	169,043	84.5	83.8	-0.6
24 (24)	鶴見区	94,134	94,103	111,557	112,691	84.4	83.5	-0.9

注）不詳補完値による
1）2020年の昼夜間人口比率による。なお、（　）は、2015年の昼夜間人口比率による。

昼間人口、夜間人口及び昼夜間人口比率
—大阪府大阪府（2015年～2020年）

特別区であって区長選出は公選であり、大阪市の行政区である24区と比較する事については無理があるだろう。つまり東京都23区と大阪市24区はそもそも法的な位置付けが異なるのである。しかし、東京都23区は元々は東京市のエリアであり、住民にとって現状の行政的位置づけの違いが大阪が東京都に差をつけられた原因の一つ、と言われても納得できる話ではないだろう。ましてや都市の将来的な発展に関して現在の行政的統治構造体制がネックの原因であるとすれば、行政責任者がそのネックを正そうとすることは当然ではないか。橋下徹大阪府知事・大阪市長の大阪都構想による大阪大改革の真意はここにあったに相違ない、と筆者は考える。

6 東京都23特別区部別の昼間人口、夜間人口及び昼夜間人口比率（2020）

地方自治法第1条の3【地方公共団体の種類】の③により東京都23区特別区は特別地方公共団体である。従って区長は公選によって選出され23特別区には各々に区議会が存在する。

この事により、大阪市・横浜市・名古屋市等の政令指定都市と東京都23特別区との差

順位 1)	区	昼間人口（人）		夜間人口（人）		昼夜間人口比率		ポイント差
		2015年（平成27年）	2020年（令和2年）	2015年（平成27年）	2020年（令和2年）	2015年（平成27年）	2020年（令和2年）	2015年～2020年
	特別区部	12,422,921	12,870,173	9,272,740	9,733,276	134.0	132.2	-1.7
1 (1)	千代田区	1,096,555	1,169,399	58,406	66,680	1877.5	1753.7	-123.7
2 (2)	中央区	735,352	771,583	141,183	169,179	520.9	456.1	-64.8
3 (3)	港区	1,131,660	1,181,809	243,283	260,486	465.2	453.7	-11.5
4 (4)	渋谷区	619,985	633,452	224,533	243,883	276.1	259.7	-16.4
5 (5)	新宿区	873,822	903,456	333,560	349,385	262.0	258.6	-3.4
6 (6)	文京区	377,567	387,128	219,724	240,069	171.8	161.3	-10.6
7 (7)	台東区	315,063	322,438	198,073	211,444	159.1	152.5	-6.6
8 (8)	品川区	575,751	623,482	386,855	422,488	148.8	147.6	-1.3
9 (9)	豊島区	424,546	425,646	291,167	301,599	145.8	141.1	-4.7
10 (10)	江東区	635,428	663,805	498,109	524,310	127.6	126.6	-1.0
11 (11)	墨田区	278,448	280,440	256,274	272,085	108.7	103.1	-5.6
12 (12)	目黒区	283,258	292,724	277,622	288,088	102.0	101.6	-0.4
13 (13)	大田区	678,479	703,426	717,082	748,081	94.6	94.0	-0.6
14 (14)	北区	307,566	315,072	341,076	355,213	90.2	88.7	-1.5
15 (15)	中野区	285,320	298,711	328,215	344,880	86.9	86.6	-0.3
16 (16)	世田谷区	772,500	804,830	903,346	943,664	85.5	85.3	-0.2
17 (17)	荒川区	181,227	182,358	212,264	217,475	85.4	83.9	-1.5
18 (18)	板橋区	472,431	480,957	561,916	584,483	84.1	82.3	-1.8
19 (19)	足立区	554,364	566,277	670,122	695,043	82.7	81.5	-1.3
20 (20)	葛飾区	344,242	349,865	442,913	453,093	77.7	77.2	-0.5
21 (21)	杉並区	435,308	450,008	563,997	591,108	77.2	76.1	-1.1
22 (22)	江戸川区	511,890	519,824	681,298	697,932	75.1	74.5	-0.7
23 (23)	練馬区	532,159	543,483	721,722	752,608	73.7	72.2	-1.5

注）不詳補完値による
1）2020年の昼夜間人口比率による。なお、（ ）は、2015年の昼夜間人口比率による。

昼間人口、夜間人口及び昼夜間人口比率
―東京都特別区部（2015年～2020年）

異は地方自治法によって位置付けの違いがある。

（1）昼間人口

東京都23特別区全体での昼間人口は１２８７万１７３人で前回調査時よりも約44万7千人増加した。23特別区の中で最大の昼間人口は港区の１１８万1千人であり、2番目は千代田区１１６万9千人、3番目新宿区90万3千人、4番目世田谷区80万4千人、5番目中央区77万1千人、6番目大田区70万3千人、7番目江東区66万3千人、8番目渋谷区63万3千人、9番目品川区62万3千人、10番目足立区56万6千人……である。昼間人口の最小区は荒川区18万2千人であり、次に少ないのは墨田区28万人、目黒区29万2千人、中野区29万8千人である。昼間人口が30万人に未たない特別区は上記の4区のみである。

（2）夜間人口

夜間人口は23区特別区全体では９７３万３２７６人であり前回の国勢調査（２０１５年）よりも46万５３６人増加した。23特別区中最大は世田谷区94万3千人、2番目は練馬区75万2千人、3番目大田区74万8千人、4番目江戸川区69万7千人、5番目足立区69万5千人、６番目杉並区59万1千人、７番目板橋区58万4千人、８番目江東区52万4千人、９番目葛飾区45万3千人、10番目品川区42万2千人……である。夜間人口最小は千代田区6万6８０人、次は中央区16万9千人、３番目に少ないのは台東区21万1千人、４番目荒川区21万7千人、５番目渋谷区24万3千人……と続く。それにしても夜間人口が50万人超の特別区が8区もあるとは、改めて東京都の巨大人口に驚かされる。人口大県の埼玉県においても人口50万人超はさいたま市と川口市のみである。他の府県の中心都市と比較しても東京都の特別区の人口の多さには驚愕する。

（3）昼夜間人口比率

昼夜間人口比率は23特別区中、第1位は千代田区１７５３·7、第２位中央区４５６·1、第3位港区４５３·7、第4位渋谷区２５９·7、第5位新宿区２５８·6、第6位文京区１６１·3、第7位台東区１５２·5、第8位品川区１４７·6、第９位豊島区１４１·1、第10位江東区１２６·6……と続く。昼夜間人口比率が１００·０以上の区は12であり、１００·0未満区は11である。１００·0未満区を低い順では、23区中、23位は練馬区72・2、22位江戸川区74・5、21位杉並区76・1、20位葛飾区77・2、19位足立区81・5……と続く。尚２０２０年の国勢調査の結果、東京都特別区部における

23区の昼夜間人口比率の順番は前回の国勢調査の結果と全く同じ結果であった。それにしても昼夜間人口比率が千代田区1753・7、中央区458・1、港区453・7、渋谷区258・6、新宿区258・6との数値は驚異的である。比率が200を超すのは上記5区である。政府の関係機関や我が国を代表する企業の本社機能、諸外国の関係機関・施設が集中しており、まさに我が国の政治・経済の中心地、最重要エリアであろう。一方昼夜間人口比率が100・0未満の区がほぼ半数の11区あることは、東京都における特別区23区内での土地の利用区分が特徴的に進んで来たことを示している。今後23特別区は各々の区の特徴的な利用が更に進んで行くのではないか。

東京都23区エリアを全体として捉え、23区の土地利用計画については将来を展望し、23区各々の地域的な特徴を明確にしながらも、統治構造改革の中で23特別区エリアを日本、世界をリードするために政府と直結のエリアと位置づけすべきである。

7　名古屋市の昼間人口、夜間人口及び昼夜間人口比率（2020年）

(1) 昼間人口

名古屋市全体の昼間人口は全国第4位の260万9745人であり、前回の国勢調査

順位 1)	区	昼間人口（人）		夜間人口（人）		昼夜間人口比率		ポイント差
		2015年（平成27年）	2020年（令和2年）	2015年（平成27年）	2020年（令和2年）	2015年（平成27年）	2020年（令和2年）	2015年～2020年
	名古屋市	2,594,841	2,609,745	2,295,638	2,332,176	113.0	111.9	-1.1
1（1）	中　　区	323,668	324,156	83,203	93,100	389.0	348.2	-40.8
2（2）	中 村 区	237,584	254,921	133,206	138,599	178.4	183.9	5.6
3（3）	東　　区	127,091	133,257	78,043	84,392	162.8	157.9	-4.9
4（4）	熱 田 区	90,660	90,517	65,895	66,957	137.6	135.2	-2.4
5（6）	港　　区	171,291	168,165	146,745	143,715	116.7	117.0	0.3
6（5）	昭 和 区	126,694	123,647	107,170	107,599	118.2	114.9	-3.3
7（7）	千 種 区	180,117	177,759	164,696	165,245	109.4	107.6	-1.8
8（8）	西　　区	155,508	156,256	149,098	151,082	104.3	103.4	-0.9
9（9）	瑞 穂 区	108,798	108,215	105,357	108,332	103.3	99.9	-3.4
10（10）	南　　区	137,360	134,066	136,935	134,510	100.3	99.7	-0.6
11（11）	北　　区	142,941	141,734	163,579	162,956	87.4	87.0	-0.4
12（12）	天 白 区	139,996	138,831	162,683	164,817	86.1	84.2	-1.8
13（13）	中 川 区	187,713	185,422	220,281	220,728	85.2	84.0	-1.2
14（14）	守 山 区	145,634	148,291	172,845	176,587	84.3	84.0	-0.3
15（15）	名 東 区	134,514	135,049	164,080	164,755	82.0	82.0	-0.0
16（16）	緑　　区	185,272	189,459	241,822	248,802	76.6	76.1	-0.5

注）不詳補完値による
1）2020年の昼夜間人口比率による。なお、（　）は、2015年の昼夜間人口比率による。

昼間人口、夜間人口及び昼夜間人口比率
―愛知県名古屋市（2015年～2020年）

（２０１５年）よりも１万４９０４人の増加である。名古屋市は16行政区であるが、昼間人口のトップは中区32万４千人、第２位中村区25万４千人、第３位緑区18万９千人、第４位中川区18万５千人、第５位千種区17万７千人、第６位港区16万８千人……と続く。昼間人口の数値によって中区、中村区が名古屋市の中心市街地を形成していることが裏付けられた。

(2) 夜間人口

夜間人口は２３３万２１７６人で前回の国勢調査（２０１５

年）よりも3万6538人の増加である。夜間人口第1位は緑区24万8千人、第2位中川区22万人、第3位守山区17万6千人、第4位千種区16万5千人、第5位天白区16万4千人、第6位名東区16万4千人、第7位北区16万2千人……と続く。夜間人口が10万人に達しない行政区は中区9万3千人、東区8万4千人、熱田区6万6千人と3区ある。政令指定都市の行政区数は都市や地域の歴史的な経過から区割りされていることも多く、区の人口が必ずしも均等に割り振られない状況があることは他の政令指定都市にもみられる事でもあるが、名古屋市の区の人口は東京都23特別区、大阪市24行政区と比べて人口のバラつきが比較的少ない。

（1）昼夜間人口比率

昼夜間人口比率は111・9であり前回の国勢調査（2015年）よりも1・1ポイント減少した。

昼夜間人口比率は中区が648・2と基も高く、続いて中村区183・9、第3位東区157・9、第4位熱田区135・2、第5位港区117・0……と続く。昼夜間人口比率が100超の行政区は16区の内8区である。夜間人口比率が100・0未満の行政区は8区あるが、中でも緑区は比率が76・1であり住宅地としての緑区の特徴が数値に表れている。

8　東京都23特別区、大阪市24行政区、名古屋市16行政区、横浜市18行政区の人口・面積比較

(1) 東京都23特別区

東京都23特別区の人口合計は９７３万３２７６人（令和2年国勢調査）であるから、東京都全体の人口の約70％が23特別区内に住んでいる。また23特別区の合計面積６２８㎢は東京都全体の面積２１９４㎢の約28・６％を占めている。23特別区中、最も人口が多いのは世田谷区94万人、次に練馬区75万人、３番目大田区74万人、４番目足立区69万人、５番目杉並区59万人……と続く。いずれの区も東京都の中心部からやや離れたエリアにあって住宅地の広がっている地域であり、まだ人口増が続いている地域でもある。23特別区の中で人口の最も少ない区は、東京都の中心部にある千代田区で人口は７万人足らず、中央区は人口約17万人である。この２つの区は政府や外国政府の関係機関、我が国を代表する民間企業の本社施設等が集中しているエリアであり、住宅地というより人々が集う場所、企業活動が活発に行われるエリアである。我が国の心臓部と言っても然る

東京都23特別区の人口・面積		
区名	人口（人）	面積（㎢）
千代田	66,680	11.6
中央区	169,179	10.2
港	260,486	20.3
渋谷	243,883	15.1
新宿	349,385	18.2
文京	240,069	11.2
台東	211,444	10.1
品川	422,488	22.8
豊島	301,599	13
江東	524,310	40.1
墨田	272,085	13.7
目黒	288,088	14.6
大田	748,081	60.8
北区	355,213	20.6
中野	344,880	15.5
世田谷	943,664	58
荒川	217,475	10.1
板橋	584,483	32.2
足立	695,043	53.2
葛飾	453,093	34.8
杉並	591,108	34
江戸川	697,932	49.9
練馬	752,608	48
23区の合計	**9,733,276人**	**628㎢**

大阪市２４行政区の人口・面積		
区名	人口（人）	面積（㎢）
中央	103,726	8.8
北	139,376	10.3
西	105,862	5.2
天王寺	82,148	4.8
浪花	75,504	4.3
此花	65,251	19.2
淀川	183,444	12.6
住之江	120,072	20.6
福島	79,328	4.6
阿倍野	110,995	5.9
大正	62,083	9.4
西淀川	95,864	14.2
港	80,948	7.8
西成	106,111	7.3
都島	107,904	6
生野	127,309	8.3
東成	84,906	4.5
東淀川	177,120	13.7
平野	192,152	15.2
旭	89,670	6.3
住吉	153,056	9.4
東住吉	127,849	9.7
城東	169,043	8.3
鶴見	112,691	8.1
24区の合計	**2,752,412人**	**225㎢**

べき地域である。特別区23区中、夜間人口が20万人超の区は21の区であり、10万人〜20万人の区は中央区16万９千人だけ、人口が10万人に満たない区は千代田区６万６千人だけであり、他の政令指定都市の行政区とは際立った特徴であるのが東京都23特別区である。面積は20㎢以上の区は12、10㎢〜20㎢の区は11である。最大面積の区は60・８㎢の大田区、最小面積の区は10・１の荒川区、台東区である。人口密度は人口が多い世田谷区（94万人）、練馬区（75万人）、大田区（74万人）はそれほど高くなく、むしろ荒川区（21万人）、文京区（24万人）、台東区（21万人）の方が面積が小さい（各々の区が10㎢程度）こともあり人口密度が高い傾向がみられる。

東京都23特別区は「平成の合併」の時、全国の市町村長や議会が大騒ぎをしている時に我関せずとダンマリを決め込み、「合併」について全く動く気配を筆者は感じることはできなかった。いかに東京都特別区23区が全国の地方自治体と比較して財政的に恵まれた環境にあるとはいえ、地方自治法第１条にある通り特別地方自治体である以上、その故をもって全国市長会のメンバーである以上、公選で選ばれた区長や議員がいる以上、23特別区も「平成の合併」での対象となって然るべき自治体ではないか、と筆者は当時不愉快な思いを禁じ得なかった。東京都23特別区は確かに現在は財政的に豊かであったとしても、自治体としての「区」の将来展望を考えた時に、行政面積の小ささに起因する自治体としての限界を打破するべく立ち上がる区長が一人とさえいなかった事（筆者にはそのように感じられた）、またその事を批判的に捉えて、議会主導で「平成の合併」に取り組もうとした区議会の動きがどこの特別区にも見られなかった事は、筆者にとって、その問題意識の欠如は大きな衝撃であり、全国市長会総会の折などに、筆者は怒りに似た感情を抑えるのを苦労した事を思い出す。

地方自治体は生き物であり、住民の福祉の向上のために常に発展・進歩を続けなければならない。

日本国が国民から国際社会において常に名誉ある地位を確保し続けることを求められることと同じである。そのためには今、地方自治体として何を為すべきか、明日何を周辺の自治体に先駆けて新しい政策を打ち立てようかと、常に頭を悩ませる自治体の首長や議会であって欲しいと願うものである。

（2）大阪市24行政区

大阪市24行政区の合計夜間人口は275万2412人であり、大阪府の夜間人口883万人の約31％の割合である。大阪府の夜間人口の31％を大阪市が占めるという事は、大阪府内にはもう一つの政令指定都市・堺市があるものの、大阪府内の他市と較べても大阪市は別格とも言うべき状況にある。それだけ大阪市は大阪府内において影響力を有していることから相応の行政的責任を負うべしとの話になる。大阪市は全国の市町村の中では横浜市についで人口規模第2位の人口を有しており、西日本では最大規模の人口を誇るが、１９６５（昭和40）年の３１６万人をピークに、その後は多少の増減を繰り返しながら人口は減少傾向にある。大阪府全体の人口のピークは２０１０（平成22）年で８８７万人であり、大阪府の人口は現在まで殆ど横ばいである。大阪市24行政区の全体の面積は２２５㎢であるから、大阪府全体面積（１９０５㎢）の約11・８％である。大阪府は香川県に次ぎ全国47都道府県中、２番目に小さい面積である。３番目に面積が小さいのは東京都（２１９４㎢）である。また大阪市24行政区の人口（２７５万２４１２人）は東京都23特別区の人口（９７３万３２７６人）の28・２％に相当し、大阪市の面積（２２５㎢）は東京23区の面積（６２８㎢）の35・８％に相当する。つまり大阪市24行政区と東京都23特別区を比較すると、大阪市は東京都23区に比して、面積でも人口でも相当程度以上の差異があるという事である。

大阪市24行政区の中、最も人口が多いのは平野区（19万2千人）、次に淀川区（18万３千人）、３番目東淀川区（17万7千人）、４番目城東区（16万9千人）、５番目住吉区（15万３千人）と続く。つまり24行政区の中、最も人口の多い平野区にあっても20万人未満であり、最小人口は大正区の人口６万２千人であり、此花区６万５千人、浪速区７万５千人と続くが、人口が10万人未満の行政区が９、10万〜20万人の行政区が15という事である。区毎の人口規模は大きな格差は無い。

行政面積については最も広いのが住之江区（20・６㎢）であり、此花区（19・２㎢）、平野区（15・２㎢）と続く。24行政区の中で10㎢〜20㎢の区が６、10㎢未満の区が17（うち５㎢未満が４区もある）であって20㎢超は住之江区の１区のみ、といった状況である。大阪市は長い都市としての歴史があることから、住民のそれぞれの地域・区への強い思いがあり、細分化された小さな行政区の区割りとなっている。

大阪市は人口２７５万人に対して24の行政区があるから、１区当たりの人口は単純平均で11万４千人であるが、人口３７７万人、18行政区の横浜市は１区当たりの平均人口は20万９千人である。夜間人口が約１００万人横浜市よりも少ない大阪市が、横浜市よりも６つも多い行政区を抱えていることが大阪市の特徴に繋がっている。１区当たりの平均の行政面積は大阪市（２７５万人、２２５㎢、24区）が９・３㎢であるのに対して、横浜市（３７７万人、４３７㎢、18区）は24・２㎢である。名古屋市は（２３２万人、３２６㎢、16区）１区当たり20・３㎢であり、１区当たりの人口は14万５千人である。

大阪市は行政の効率化の観点から見た場合、横浜市、名古屋市と比較して課題を抱えているのである。今や伝統的、歴史の積み重ねから来た大阪市独特の行政区割である、と言ってはいられない状況ではないか。大阪市は都市としての長い歴史があることから、住民のそれぞれの地域への思い入れがあり細分化された区割りとなっているが、そもそも行政の区割りはそれぞれの地域の長い歴史から自然発生的にでき上がったことが基本にあり、関西地域は関東地区に比べて今日までの長い歴史の積み重ねがあった事から現在の行政区割りとなったのであるが、それにしても横浜市18区数、名古屋市16区数、大阪市24区数では区の人口規模、行政面積に大きな相違があり、効率的な都市の運営との観点からは、大阪市は問題があると指摘せざるを得ない実態がある。

東京都特別区23区数は各々の区が地方自治体であるから公選の区長や区議会が存在するが、大阪市は行政区であるため、区長は公選ではなく市長により任命された大阪市の職員である。また大阪市は行政区である故に区には議会は存在しない。従って東京都23区特別区と大阪市24行政区は本来的に言えば比較のしようがないのであるが、今後大阪が東京とともに我が国をリードするエリアであるためには、大阪府内の各々の都市の長い歴史を尊重しながらも、大阪市と近隣の都市との合併や大阪市24行政区の合区は避けられないのではないか。大阪府周辺の都市は人口の割には面積の小さな自治体が多く、また大阪市は比較的小規模行政区が多いため、大阪府、大阪市にあっては、一体的・総合的な都市計画、政策の立案・実施が取組ずらいのではないか。
この問題点に橋下徹が着目したからこそ『大阪都構想』が提起されたのではなかったのか。

（3）大阪市に近接する周辺10市

大阪市に近接する周辺の10市の２０１５（平成27）年現在の行政面積と人口は左表の通りである。

大阪市周辺の10市と大阪市の合計行政面積は約６２５・８㎢、合計人口は約５６１万人である。大阪市周辺の10市の人口規模、行政面積の規模を見ると幾つかの都市が合併すれば、更に大きく発展できる可能性が膨らむであろうと思える地域、都市が目につく。同時に大阪市に近接する10都市の行政面積はいかにも小さいとの印象を持つ。

一方東京都23特別区の合計夜間人口は９７３万人、合計行政面積は６２８㎢であるから、大阪市周辺の近接10市と大阪市の合計面積（６２５・８㎢）は東京23区の面積（６２８㎢）と殆ど同じである。

歴代の大阪市長の中には昭和初め頃に、かつて日本一の人口規模を誇った大阪市の経済の復活を願い、東京都に追いつけ、追い越せと近接する周辺の市と大阪市との合併を目論んだものの果たせなかった市長がいたし、近年には大阪市長・府知事の橋下徹が「大阪都構想」を立ち上げて大阪市を廃止する事によって大阪市と大阪府との一元化を図る、との起死回生の構想を立ち上げたものの、住民投票においてこの構想については２度も否決されるという結果に終わり「大阪都構想」は破綻した。橋下徹は住民投票に至るまでの間、大阪都構想を立ち上げたものの大阪市に近接する10市との合併は無理と判断したのか、10市と大阪市との合併を諦め堺市との合併に途中から舵を切り替えたが、この２市合併構想も堺市長、堺市議会から受け入れられず、ついには大阪市を廃止して４つの特別区に大阪市を転換するとの構想で住民投票に取り組んだのであった。この橋下徹の夢は実現することなく橋下徹は政界を引退したが、大阪市、大阪府の現状を深く憂い、『大阪』を造り替える、東京都に対抗し得る『大阪都』を作りたい、との橋下徹の勇気ある構想と心意気には、筆者は拍手を贈りたい。

現在、我が国おいては従来からの中央集権

市名	行政面積（㎢）	人口（千人）
大阪	225.1	2,686
堺	149.8	840
東大阪	61.7	504
豊中	36.3	394
吹田	36	365
八尾	41.7	269
守口	12.7	144
門真	12.3	126
大東	18.2	124
松原	16.6	121
摂津	14.8	85
合計	625.8	561

（全国市町村データ）

から地方分権への転換を図るための様々な制度改革が進行しているが、そのためには地方自治体は住民を支えるに足るしっかりした行政力・都市力を自ら身に付けなければならない。それができてこその中央集権から地方分権社会への転換である。「平成の合併」もそのための全国的な運動であった。「平成の合併」の結果については「西高東低」と言われたがその中にあって、大阪府においては合併が成就したのは全国47都道府県の中で東京都と同様に僅か1件であった。誠に残念であった。

大阪には都市として長い歴史を持つ都市が多く、中には1000年を超す歴史を持つ都市もある事から、その分住民には様々な地域を愛するが故のこだわり・思い入れがあり、なかなか合併が進まないといった傾向にあった。また関東程は大阪においては都市間の人の移動が頻繁ではない、との傾向があるが、その分自分の住む自治体・都市・地域への思い入れが強くなる傾向にあるという事か。

地域や都市・自治体を愛するという事は従来からの都市のあり様をそのまま引き継ぐ、という事だけではなく、都市が更に発展するためには、都市・自治体が自らの意思によって勇気を持って大きく変革する第一歩を歩みだすことが求められるのであると筆者は考える。現状のままでは我が国において大阪全体の政治、経済の相対的な地盤沈下は避けられないのではないかと危惧する。

（４）名古屋市16行政区と横浜市18行政区

横浜市は夜間人口が３７７万人であり18行政区からなる政令指定都市である。人口３７７万人は20政令指定都市中最大であり、47の全国都道府県と比べても８番目福岡県５１３万人に次ぐ、全国９番目の人口規模に匹敵する人口規模である。しかし総務省統計局の『令和２年国勢調査』によれば、横浜市の昼間人口は３４４万人であることから、昼夜間人口比率は91・１％であり５年前の国勢調査より０・６ポイント上昇したとはいえ、毎日約33万７千人余りの横浜市民が東京都方面を中心に市外の企業や学校に通勤・通学しており、都市の中枢性・拠点性から見ると東京都の巨大な衛星都市である、と指摘される傾向にある。この傾向は東京都の周辺に位置する他の政令指定都市でも同様な傾向が見られる。神奈川県内には３つの政令指定都市があるが、昼夜間人口比率は川崎市83・６、相模原市86・２であり、またさいたま市90・９、千葉市97・１、と東京都周辺の政令指定都市は、軒並み昼夜間人口比率は１００・０未満といった状況である。明治新政府以来、政府主導の幹線鉄道網・高速道路網等、東京への一極集中政策の結果ともいえるが、一方で自治体として横浜市を拠点とするような地元産業の育成や人材の育成にやや消極的ではなかったか。公平・公正・平等が優先して求められる我が国の行政運営にとって難しい事ではあるが、首都東京都からの恩恵を大きく受けながらの横浜市の発展であった、とも言える。

横浜市は18行政区数で構成されるが最も人口の大きな鶴見区が35万9千人、最も人口の少ない西区でも10万4千人であり、区毎の人口格差が少ないのが特徴である。区毎の行政面積でも同様な傾向があり、最も行政面積が大きな千種区が35・7㎢であり面積が10㎢以下は西区のみである。この横浜市の行政区の人口・面積の規模の状況については、24行政区中、10㎢未満の行政区が17もある大阪市とは大きく異なり横浜市の特徴となっている。横浜市は明治新政府によって開かれた街であり、その後の日本の発展とともに歩んだ150年余の歴史を持ち、東京都に大きな影響を受けた大都市である、との評価になる。

名古屋市の夜間人口は、横浜市人口377万人、大阪市275万人に次ぎ全国第3位の232万人であり、16行政区から構成され我が国を代表する大都市の一つである。47都道府県人口と比較しても名古屋市の人口は全国13位の宮城県に匹敵する人口規模である。『令和2年国勢調査』に基づく総務省統計局の公表によれば、名古屋市の昼間人口は260万人であることから昼夜間人口比率は111・9であり、5年前の国勢調査よりも1・1マイナスポイントとではあったものの、大阪市132・5、東京都23特別区部132・2に次ぐ全国第3位の比率であった。この事は名古屋市の長い都市としての

名古屋市１６行政区			横浜市１８行政区		
区名	人口（人）	面積（㎢）	区名	人口（人）	面（㎢）
緑	248,802	37.9	港北	359,512	31.4
中川	220,728	32	青葉	311,146	35.2
守山	176,587	34	鶴見	295,580	33.2
千種	165,245	18.1	戸塚	284,084	35.7
天白	164,817	21.5	神奈川	247,444	23.7
名東	164,755	19.4	旭	243,359	32.7
北	162,956	17.5	都築	214,891	27.8
西	151,082	17.9	港南	215,222	19.9
港	143,715	45.6	保土ヶ谷	206,631	21.9
中村	138,599	16.3	金沢	197,646	30.9
南	134,510	18.4	南	197,517	12.6
昭和	96,885	10.9	緑	183,222	25.5
瑞穂	107,735	11.2	磯子	166,260	19
中	96,833	9.3	泉	152,087	23.5
東	85,843	7.7	中	150,271	21.2
熱田	66,854	8.2	瀬谷	122,052	17.1
合　計	2,325,946	326.5	栄	120,613	18.5
			西	104,483	7
合　計				3,772,029	437.4

伝統からくる中京地区における中枢性、拠点性が抜群であることを示している。名古屋市はモノ作り産業が伝統的に盛んであるが、今後も中京地区を代表する都市としての役割が期待される。16行政区中最大の人口は緑区24万8千人、第2位中川区22万人、であり人口最小規模は熱田区6万6千人であって、人口が10万人未満区は東区8万4千人、中区9万3千人の3区だけである。行政面積は最大が港区の45㎢であり30㎢以上の区は緑区37・9㎢、守山区34㎢など4の区である。また最小

の面積は東区7㎢であるが、10㎢以下は熱田区8㎢、中区9㎢、の3区である。名古屋市についても人口233万人・面積326㎢を考えた時に16行政区は大阪市程ではないにしても行政区数が多すぎるとの印象を筆者は持つ。行政運営の効率化について、市長は常に頭に留め置いていなければならない。

9　我が国が発展するための統治構造の改革とは

大阪市、横浜市、名古屋市は様々な課題を抱えながらも、200万人超の人口を有して道府県並みの人口規模、財政規模を抱えて、大都市・基礎自治体として住民の直接窓口対応に取り組んできた。一方、47都道府県の中には人口減少に歯止めが掛からず、人口減少・財政力の低下に苦しむ県も多数にのぼってきている。既に明らかになったように人口が100万人に満たない県が10県にも及ぶ。今後も人口減少に苦しむ県は増える傾向にある。また大都市は都道府県との役割分担が不明確な分野・事業も見受けられ、都道府県と大都市の二重行政、行政の不効率との批判を都道府県と政令指定都市は共に受けてきた。

「平成の合併」が収束した現在、全国の市町村の人口・財政等の格差は従来以上に広がった。

また「平成の合併」時に人口基準が緩和された事による駆け込み的な一般市からの指定都市への移行により、20政令指定都市間の人口・財政等の格差は驚くほど顕著になった。これだけの格差が政令指定都市間で明白になったからには、今後20政令指定都市を一括りに扱うことは無理と筆者は考える。

このような状況下にあっては、人口が２００万人を超す大阪市、横浜市、名古屋市の3市及び東京都23特別区は47都道府県の包括下に位置するのではなく、国と直結する1層制として行政運営が自主的・自律的に取り組める仕組みに転換してこそ、住民の福祉の更なる向上に資する事ができると考える。即ち２層制から1層制への転換による統治制度の大転換である。

第二次世界大戦後の都道府県行政は広域地方自治体として、国の大きな関与を受けながら国の定めた全国一律の制度に基づいて、住民の最前線に位置する市町村行政との連携を密にしながら公平・公正・平等な行政を執行してきた。戦後78年、多くの行政執行の結果は今や世界に伍した実績を上げており、我が国の一部の福祉行政などは、むしろ世界的に見ても世界をリードする立場にあると考える。そういう意味では戦後の47都道府県体制は立派にその任務を果たしてきたといっていい。

しかし先に見てきたように現行の47都道府県体制は、府県や地域によっては、人口減少、若手労働者の圏域外への流出、高齢者人口の急激な増加、医療・介護・福祉の担い手不足、医療機関・福祉関連施設の不足、納税者の減少等からくる先行きの不透明感等からくる不安等から、住民は希望が持てず、未来図が描けない事から生じる根拠のない自治体への批判等々、行政の守備範囲は増えるばかりで悩みは尽きない。しかもそれらの課題を解決する抜本的な解決策を住民に対して提示できない焦燥感を行政自身が感じている。突き詰めれば、我が国の止まるところを知らない人口減少と経済の停滞に大きな原因がある事を、全国の自治体の首長たちは承知しているからだ。

このような現状を打破し、名誉ある日本を取り戻し活力溢れる地域社会を取り戻すためには、新たな統治制度を構築する必要がある。

そこで新たな制度として、全国47都道府県を解体して「9道州」制へと移行し、更に大阪市・横浜市・名古屋市の3市に東京都23特別区を加えた4団体を、道州と同格の「特別都市州」として位置付け、政府と直結する一層制への転換を提案する。地方行政における統治制度の大改革である。

諸外国の大都市制度は誠に多様ではあるが、大都市の1層制への移行は英国・ドイツ・

フランス・米国・韓国・台湾等、世界の先進国の統治制度において既に採用されている制度である。

・９道州とは

「北海道」、「東北州」（青森・秋田・岩手・山形・宮城・福島）、「北関東州」（茨城、栃木、群馬、新潟）、「南関東州」（23特別区以外の東京都、横浜市以外の神奈川県、埼玉、千葉、山梨）、「中部州」（名古屋市以外の愛知県、富山、石川、福井、長野、岐阜、静岡、三重）、「関西州」（大阪市以外の大阪府、滋賀、京都、兵庫、奈良、和歌山）、「中国・四国州」（鳥取、島根、岡山、広島、山口、徳島、香川、愛媛、高知）、「九州」（福岡、佐賀、長崎、大分、熊本、宮崎、鹿児島）、「沖縄州」である。

・特別都市州とは

「東京特別州（東京都23区）」、「横浜特別州」、「名古屋特別州」、「大阪特別州」である。

「北海道州」：北海道州は地理的・歴史的に見て、更に現下の国際情勢の地政学上からも独立した州として国家と直結する組織であるべきことは論を俟たないのではないか。

「東北州」：東北6県（青森・秋田・山形・岩手・宮城・福島）は現在、高速道路網や新幹線等で日本海側と太平洋側が短時間で結ばれている状況から、これまでのように6県を東西に分けて別個のエリアとして二分するのではなく、6県が一つの州として一体的な事業展開ができるような仕掛けが可能となるような統治構造が適当であるように筆者は考える。言い換えれば東北6県を一つの圏域と捉える考え方である。

「北関東州」：新潟県と茨城県が栃木県、群馬県を挟んで結ばれる事は、日本海と太平洋が直結し同一圏として発展する事になる。海無し県である栃木県、群馬県に、海に繋がる道路ができる。4県が一つの北関東州を構成する事により様々な可能性が広がる。道州制の考え方の基本となるような州である。

「南関東州」：23特別区以外の東京都、埼玉県、千葉県、横浜市以外の神奈川県、山梨県を配置する南関東州は人口、経済活動等で最大規模の州となる。埼玉、千葉を「南関東」に配置する事によって、埼玉県と千葉県が持つポテンシャルを充分に発揮する事ができる。この州は特に経済面で我が国を牽引する州であるべきである。道州制への転換の象徴となる南関東州への期待は大きい。

「中部州」：富山県、石川県、福井県の日本海側と静岡県、三重県、名古屋市以外の愛知県、の太平洋側が長野県、岐阜県を挟み一つの圏域で結ばれる。この圏域は我が国において様々な切り口が可能となる、多様な魅力に富んだ州と成る。考えるだけでもわくわくしてくる圏域の州である。

「関西州」：大阪市以外の大阪府、滋賀県、京都府、兵庫県、奈良県、和歌山県から成る関西州である。今日までの長い歴史を積み重ねて、更に大きな発展の可能性を期待させる州である。道州制の政策の大きな柱は経済振興と圏域内の伝統的な地域文化の継承・振興であるが、京都・奈良を抱えた関西州は、全国の中でもその中心的な役割が期待される。

「中国・四国州」：鳥取県、島根県の日本海側と山口県、広島県、岡山県、愛媛県、香川県の瀬戸内海沿岸、太平洋側の高知県、徳島県が一つの「中国・四国州」となる事により、日本海と瀬戸内海と太平洋が結ばれ一つの州と成る圏域である。瀬戸内海地域の特有の魅力が更に増大する事業の展開が期待でき、日本のみならず世界への発信が可能な州である。

「九州」：福岡県、佐賀県、長崎県、大分県、熊本県、宮崎県、鹿児島県の7県で構成する。もともと九州として一体性がある州であるが、中国、韓国、台湾等の東アジア方面へ至近距離にあり、地の利を生かした外国との交流や様々な事業が期待でき、今後の更なる発展が期待大の州である。

「沖縄州」：我が国の安全保障の観点から、またかつて独自の王朝国家が存在していた歴史を踏まえ、人口・経済等は小規模であっても、独自の伝統・文化がアピール可能な独立州であるべきである。世界の中で発展する東アジア・東南アジア等へ至近距離にある事を考えた時に、我が国の最前線に位置するべき州である。

参考文献

1 総務省「令和2年国勢調査」令和4年7月22日
https://www.stat.go.jp/data/kokusei/2020/kekka.html

2 総務省　報道資料『平成の合併』についての公表平成22年3月5日
https://www.soumu.go.jp/gapei/pdf/1003111.pdf

3 総務省公表 統計資料

4 総務省公表 統計資料 平成28年度

5 総務省公表 統計資料 平成30年度

6 総務省公表28年度決算カード

7 東京都統計局 公表資料

8　横浜市政策局公表　統計資料　令和4年度
9　横浜市ホームページ２０２３年3月
10　読売新聞　２０２０年11月2日朝刊1面「都構想反対」
11　産経ビズ「指定都市市長会『特別自治市』の早期実現を提言へ２０２０年11月9日
12　『ポケット六法』（有斐閣・令和2年度版）
13　『政令指定都市』（中公新書・北村亘）
14　『大阪』（中公新書・砂原庸介）
15　『日本の地方政府』（中公新書・曽我謙悟）
16　『道州制』（ちくま新書・佐々木信夫）
17　『この国のたたみ方』（新潮新書・佐々木信夫）
18　『道州制ハンドブック』（ぎょうせい・松本英昭）
19　『地域主権型道州制』（ＰＨＰ・江口克彦）
20　『道州制で日本の府県が消える』（自治体研究社・村上博他）
21　『道州制で日本の未来はひらけるか』（自治体研究社・岡田知弘）
22　『我が国の望ましい地方分権のあり方についての考察』（平成国際大学修士論文・令和2年度・田中暄二）

23　「指定都市の拡大・多様化と税の地域格差」（自治総研通巻391号・青木宗明）
24　「昭和20年・30年代の道州制論議」（松谷芙佐子）
25　「都道府県の再編成と道州制の可能性」（磯崎初仁）
26　「道州制ビジョン：東京圏をどうするのか」（財団法人東京市政調査会・西尾勝）
27　「大都市制度の改革及び基礎自治体の行政サービス提供体制に関する答申」（自治総研通巻418号・地方制度調査会　西尾勝）
28　『新久喜市誕生の軌跡』（久喜市・平成23年3月）
29　「合併10年の効果と問題点―久喜市政の回顧」（平成国際大学大学院・令和元年・田中暄二）
30　「大都市制度改革の経緯と動向」（名古屋市平成30年）
31　「大阪市財政の現状」（大阪市2012年）
32　読売新聞朝刊　令和4（2022）年12月21日

第五章

久喜市・菖蒲町・栗橋町・鷲宮町の合併

1 「新久喜市」誕生までの経過

「平成の合併」は1999（平成11）年4月1日から2010（平成22）年3月31日までの間、基礎自治体の行財政基盤確立を目的に全国的規模で市町村合併が推進された。「明治の合併」「昭和の合併」とは違い、具体的な合併の枠組みについては全国の自治体が自主的・主体的に進める事とされた。

平成11（1999）年～平成17（2005）年は政府による市町村への手厚い財政措置（合併特例債の創設や合併算定替の期間延長等）が制度化され、平成17（2005）年以降は国・都道府県から市町村への関与により更に合併が進み、全国の市町村数は平成11（1999）年3月31日の3232から平成22（2010）年3月31日では1730自治体となった。「平成の合併」において全国の市町村数の減少率は46・5％であった。

平成12（2000）年度に入ると、一般新聞で全国や埼玉県内での自治体の合併協議の進捗状況が報道されるようになってきた。また久喜市議会本会議において、市議会議員から久喜市の将来構想として近隣自治体との合併について久喜市長はどのように考えるか、具体的な自治体との枠組（合併相手）はどのように考えているのか、といったような久喜市長（筆者）への質問が目立つようになってきた。当然本会議場において議員

新久喜市の位置

からの質問に答える筆者の答弁の様子を市民が傍聴し見聞きしているし、又その質問・答弁のやり取りが一般新聞紙上及び久喜市広報紙や久喜市議会たより等に掲載される事から、久喜市においても合併問題が住民の関心事となっていった。

振り返って「昭和の合併」において久喜町が誕生した経過・歴史を筆者は考えた。現在でも当時においても久喜市の人口が当地域では一番大きい自治体であるし、なによりも交通網や様々な行政施設の充実さから久喜市が「平成の合併」において当地域のリーダーシップをとるべきである、との考えを筆者が持つに至ったのはこの頃である。筆者は久喜市周辺自治体との合併論議を進めるため、また市町村合併が行政主導の合併と批判されないためには、合併について本会議場で久喜市議会議員と久喜市長の活発な議論のやり取りができるだけ多くある事が望ましいと考えた。従って筆者（久喜市長）が市民団体・組織の様々な会合・会議に出席した時には、筆者はその会合の挨拶の中必ず「平成の合併」の事に触れ、市民間において合併について積極的な議論が起こる事を期待した。久喜市議会議員に対しては合併について本会議場で何か質問をして欲しい、と私から議員に依頼した事もあった。議員の本会議場での議決は法的にも合併を成就するためには必須の要件であるからである。議員が市町村合併について、その意義を充分に理解し協力して頂けない事には合併は不可能であるからであった。それには市議会議員に合併の本質を正しく理解してもらわねば近隣自治体との合併協議は前に進まない。合併が実現し新市が誕生すれば市議会議員定数が削減されることは容易に予測されることであったし、合併に伴う痛みは首長と同様に、当然ながら議員にも理解して貰う必要があったからである。加えて合併を実現するためには新聞等のマスコミを活用しなくてはならない。市長が大いに熱弁を奮い多くの事を市民に語りかけても、行政が実施する事業によっては新聞紙上のたった1行の記事の方が市民に浸透する事があるからだ。新聞を初めとしてマスコミは「平成の合併」においては必ずや有効に利用すべきである、と筆者は考えていた。

かつては近隣の自治体においては議員同士が、例えばゴルフ大会や野球大会を開催して議員同士の友好関係を深め、その事によって各自治体の事業をスムーズに進めようとの考えがあったが、「平成の合併」の頃には本来の議員活動以外に使用される議会経費を住民が批判する傾向があり、近隣の自治体の議員が交流する各種大会は多くの自治体において予算化できない状況であった。従って「平成の合併」が始まると議員同士が初対面との状況から改めて名刺交換から始まる事例が多かった。時代の流れからやむを得ない事とはいえ、スムーズな市町村合併の実現から考えると、日頃自治体間の議員同士の交流が少ないことは、お互いの自治体を理解するうえで由々しき状況であった。その事は自治体の首長同志でも同様であった。筆者は近隣との市町村合併を推進するには、唐突に首長同志が声を掛け合っても中々難しいし、何かしら自治体間で行政的な付き合いが無ければ首長同志、議会議員同志が合併協議に持ち込めないのではないかと危惧した。筆者は市町村合併は本来、首長同志の信頼関係があってこそ成就できるものと考えていた。

そのような事から1部事務組合を共に設立し、今日迄ごみ処理行政や消防行政等を共同で実施して来ており、久喜市とは長い歴史と深い繋がりがある宮代町、菖蒲町、鷲宮町、栗橋町等との合併協議を進めたい、との考えを私は密かに持っていた。この私の考えは久喜市副市長だけにはこっそり伝えておいた。副市長同志のルートを通じての情報収集も大切であり、様々な情報を得なくては市町村合併を進める事は難しいとの認識が筆者にはあったのである。

宮代町、菖蒲町とは古くから南埼玉郡の同じ行政区分の自治体同士という立場であったし、鷲宮町、栗橋町と久喜市は近隣自治体として、お互いに良きライバル自治体として行政運営を実施してきた事、又これらの町とはお互いに自治体としての性格を良く知っている仲間同志との認識もあり、各々の住民たちの付き合いも行政境を超えて濃厚であることから、私は久喜市の市町村合併についは当初から宮代町、菖蒲町、鷲宮町、栗橋町等を適切な相手と考えていた。

当時、各自治体においては市町村合併の枠組みを決定する際には住民へのアンケートを実施し、その結果から合併の枠組み（合併相手）を決め、その後正式に合併協議に取り組む方法がとられていた。合併の最終段階で住民投票によって合併が拒否され合併が破綻になってしまうケースが全国的に相次いだために、慎重に住民の意向を確認する必要がある、という事は首長の共通認識であったし、合併協議する自治体に行政手続き上、正当性を持たせるための住民アンケートであった。このような手続きを経ないと住民からは首長が勝手に自分の都合で、合併相手を選定したと言われかねないのである。

鷲宮町での住民アンケート（平成14（2002）年8月と平成15（2003）年3月）では、久喜市との合併については各々90・9%、81・2%の町民が賛成していた。又久喜市においては同時期の住民アンケートにおいて、鷲宮町との合併については、市民の65・6%、84・1%の賛成を得た。鷲宮町は久喜市に隣接する事から鷲宮町・久喜市は行政面において古くから一部事務組合を設立し消防行政を共同で取り組んでおり、何よりも民間団体においても久喜市・鷲宮町は合同で社会教育組織を一つの団体として設立する等、行政境を超えた住民間の付き合いが濃厚であった。つまり住居は鷲宮町に有していても通勤・通学で久喜駅を利用したり、久喜市で買い物したり、久喜市内に親戚が多かったり、企業においては久喜市を主な事業展開の場としている等により、日常生活圏は久喜市内、との鷲宮町民が多くいたのであった。同様なことは宮代町、菖蒲町にも見られた事であった。宮代町と久喜市は行政面ではゴミ処理行政や消防行政を共同で取り組んで来たし、菖蒲町とも消防行政を久喜市と共同で取り組んで来たという過去の歴史があった。宮代町とはゴミ処理問題については、ゴミを燃焼する際に排出されるダイオキシン類の人体への影響を懸念するゴミ焼却炉周辺の宮代町住民からの焼却炉の移転要望についての熱心な運動があり、一部事務組合の副管理者・宮代町長と管理者・久喜市長（筆者）は共に行政的苦労を共有してきたという経過があった。

消防行政については久喜市長を管理者とし、菖蒲町長、鷲宮町長、栗橋町長、宮代町長を副管理者として1市4町による、一部事務組合事業の長い行政的関係があった。しかし宮代町や菖蒲町は各々の町民アンケート調査によって春日部市、蓮田市との合併を希望する町民が多数、との理由で久喜市との合併協議には宮代町、菖蒲町ともに消極的であり、今後については宮代町においては春日部市と、菖蒲町においては蓮田市・白岡町との正式な合併協議に入る、との連絡が筆者にあった時には、まさか2つの町においてそんな町民アンケート結果にはならないであろう、と考えていた筆者には思いがけない結果であり落胆を禁じ得なかった。当時、宮代町長が町民アンケート調査結果の報告のために久喜市長室を訪問されての説明によれば、自宅が春日部に近い地域の宮代町民は春日部市を、久喜市に近い宮代町民は久喜市を合併相手として選択する傾向にあった、との説明であった。宮代町長の説明にあった通り、自治体が合併の枠組みを決めるにあたっての傾向としては、どの自治体と合併したいかとのアンケート調査では、東京方面に近い自治体を選択する住民が多い、との傾向がどの自治体でも見られたのであった。理由としては通勤・通学・買い物等の関係で住民にとって東京方面の自治体がどうしても馴染み易いのではないか、又若い人々にとっては都会的な都市を選ぶ傾向にあるのではないか、との話になったのである。

市町村の多くの住民は自分が住んでいる自治体が周辺の自治体とどのような行政的な繋がりがあり、どのような行政的課題があるかを充分に理解する事は困難ではあるが、宮代町と久喜市との合併が実現し一つの自治体になれば、重要な検討課題であったゴミ処理行政の中枢的課題であったゴミ焼却炉の新設問題についての将来展望が開けるはず、との思惑があった筆者は落胆を禁じ得なかった。

菖蒲町については久喜町時代に2町が共に南埼玉郡の構成自治体であった他に、久喜市民と菖蒲町民が共同で社会教育団体を設立して活動する等、菖蒲町・久喜市は官民共に古くから友好関係があったものの、高崎線沿線の駅を利用する菖蒲町民と久喜駅を利用する菖蒲町民との地域的な認識の差があった、との行政関係者や地元通の方々の話であった。

この頃には埼玉県内の各自治体の合併についての進捗状況が一般新聞で報道されるようになり、埼玉県市長会や市議会議員の会議等で久喜市周辺の市町村合併についても話題になることが増えてきた。久喜市周辺については久喜市・幸手市・鷲宮町の2市1町の枠組みが久喜市議会や市民間で話題になるようになった。筆者はA幸手市長の真意を確かめるべく、幸手市役所を訪ね意見交換をした。A幸手市長も久喜市長を訪問してくれて久喜市・幸手市との合併について意見交換をした。そして、時にはそれぞれの自治体の事務方を含めて意見交換をした。また筆者は2市の副市長同志においても意見交換の場を持ってもらうように指示し、そのような機会も複数回作ってもらった。この間、2市1町の議会議員同志、議長同志といった話し合いも公式・非公式に行われるようになっていった。しかし何回意見交換しても肝心なA幸手市長から久喜市との合併を進めるとの明確な意思表示はなかった。

久喜市・幸手市・鷲宮町の2市1町の合併となれば当時の人口規模、財政規模からして当然、久喜市が合併協議をリードすべき立場にあると筆者は考えていた。しかし現実は大いに違っていたのである。

幸手市は久喜市にとって近隣である事から筆者には幸手市内には旧知の友人たちも相当程度いたし、多くの友人たちは久喜市との合併には好意的である、と筆者は勝手に思い込んでいた。筆者は幸手市の事情はよく知っているつもりでいた。ところが、である。幸手市商工会をはじめとした各種団体の高齢者の方々の中には、幸手市は久喜市に比べて圧倒的に都市としての歴史があるのだから、つまり都市としては幸手市の方が久喜市よりも古いのであるから、その幸手市が久喜市の後塵を拝するような市町村合併は断じて認めるわけにはいかない、との思いもよらない前近代的とも思われる言葉をかけられた。

そもそも「平成の合併」は近年の少子高齢化時代に対応するために、近未来の住民の福祉の向上を目指して実施するものであり、自治体としての誇りと名誉を共に築くために行うものと考えていた筆者は、この発言にはびっくり仰天するとともに、このような意見を持ち、それなりの影響力を持つ幸手市商工業者の重鎮とも言うべき方々が、幸手市内の大きな規模の各種団体のリーダー的な存在でいるからには、幸手市との合併はかなりの覚悟で取り組まないと実現は難しいと強く感じたのである。

久喜市は昭和40年代に国による東北自動車道の建設に伴い久喜インターチェンジが完成し、伴って国や埼玉県によって久喜インターチェンジ周辺に複数の大規模な工業団地の建設が進み、大手民間会社の工業団地への誘致にも成功していた。目の前で槌音高く響く埼玉県下随一の大規模な工業団地造成工事に、若かった筆者は胸がわくわくする程の新生久喜市への期待と誇りに胸を躍らしたものであった。

さらに久喜市東口方面には日本住宅公団、埼玉県営住宅の造成が為され、又民間企業による優良な住宅団地が複数建設される等に依り、久喜市の人口が飛躍的に増大した結果、久喜市は昭和46（1971）年10月1日に人口が3万人を突破して全国600番目の市制施行をするに至っていた。伴い久喜市は固定資産税を初め種々の税収が飛躍的に増大した。といっても、つい近年までは幸手市の方が人口は多かったし、産業面においても幸手市は日光街道が通っていたことから流通機能が江戸時代より発展し、そのため幸手市は問屋機能が早くから発達した結果、業種によっては久喜市の小売商業者は幸手市内の問屋から商品を仕入れていたのだ。このような事情から幸手市内の商業者の中には久喜市内の商業者は幸手市内の商業者のおかげで商売ができて生活しているのではないか、といった久喜市の発展の現状を斜めに見るような、言葉を替えれば見下すような意見を久喜市長である筆者に直接話される幸手市の経営者の方さえ居たのである。確かに歴史を振り返れば幸手警察署は埼玉県内2番目の早い時期に設置されたし、幸手市内の商工業者が言うように、そのような時代も古い時代にはあったのかも知れない。しかし昭和40年代以降になると所謂流通革命によって、我が国全体としていえることではあるが、大型郊外型のショッピングセンターがどこの自治体にもできるようになり、町の小売店は従来のように固定的に問屋から物品を仕入れて販売するような商法では顧客が満足感を感じなくなってしまう事が予想されたことから、久喜市内の商業者はこれら大型小売店舗の進出を驚異・遺憾と感じながらも、甘んじて周辺の自治体に先んじて大型小売店舗の進出を受け入れたのであった。

A幸手市長は近隣の首長同志で自由討論的に「平成の合併」について意見交換をしても積極的に意見を言うようなことは殆ど無かった事から、正直、筆者は2市1町の合併

（久喜市・幸手市・鷲宮町）について、A幸手市長の真意が掴めないもどかしさを感じることがあった。それどころかA幸手市長は茨城県五霞町との合併を唐突に持ち出したのである。A幸手市長のこの発言は筆者には、まさか、との驚きの発言であった。筆者は如何に幸手市と五霞町とのお付き合いが濃厚であったとしても、茨城県内の自治体と埼玉県内の自治体が合併する事はそんなに簡単な事ではないはずであり、少なくとも久喜市は茨城県内の自治体との合併枠組みについては、久喜市民が納得する事は難しいとA幸手市長に明確に申し上げた。

或いは五霞町との合併話を持ち出せば、A幸手市長は久喜市長の筆者が幸手市との合併計画を断念するとでも思ったのか、本気で五霞町との合併をA幸手市長は考えていたのかは、今となってもその真意は分からない。

その後、当事者である五霞町長が久喜市長室に筆者を訪ねてきた。驚いたことに五霞町長は埼玉県大宮市で生まれ育ち元は埼玉県民であり、埼玉県立浦和高校で学んだとの事、つまり県立浦和高校の筆者の先輩であった。筆者は幸手市と久喜市との合併については肝心なA幸手市長の真意が不明であるから、これ以上の公式な幸手市との合併協議には入れない事、また茨城県五霞町と久喜市との合併については、到底久喜市民の了解は得られるとは思えない旨の話を五霞町長に率直に申し上げた。五霞町長は2度も久喜市長室に来訪され、私も返礼の意味を込めて都度五霞町長を訪ねたが、お互いに積極的に市町村合併を進めようとの話には至らなかった。五霞町長は温厚で紳士であったから、県境を越えた茨城県の自治体（五霞町）と埼玉県の自治体（久喜市・幸手市）との合併の難しさを充分理解されていたのだと思う。

かくして筆者は幸手市との合併については棚上げして合併成就の法定期限が迫っている事もあり、平成15（2003）年4月1日に鷲宮町長とともに、幸手市及び五霞町を除いた法定「久喜市・鷲宮町合併協議会」を設置したのであった。

幸手市民の中には久喜市との合併について反対する人もいれば、逆に熱心に久喜市との合併を望む市民グループがあり、茨城県五霞町との越県合併について反対運動が起こり、この運動が茨城県五霞町との越県合併推進派であったA幸手市長に対する解職請求のリコール運動に発展し、発議自体は無効となったもののA幸手市長は責任を取り、平成15（2003）年9月22日に任期途中で市長を辞職するに至ったのである。その後平成15年11月9日には出直しの幸手市長選挙が実施され、越県合併反対派から立候補した、驚くほど熱心に久喜市との合併を望む市民グループが応援した、久喜市との合併を公約に掲げたB候補者が、A幸手市長との激しい選挙戦を制して新しく幸手市長に当選した。あの五霞町との合併を隠れ蓑として、久喜市との合併に消極的と思われていた現職のA

幸手市長に勝利したのであった。新しく幸手市長に当選したB市長は過去に久喜市の部長職を務めた温厚な方であった。B幸手市長は選挙戦中、自分は久喜市との合併を成就させるために幸手市長選挙に立候補した旨の街頭演説を繰り返し市民に訴え、幸手市民に対立候補のA候補者が主張する幸手市と久喜市との歴史・経過を乗り超えてこそ幸手市の未来が開ける、と幸手市民に久喜市との合併を呼び掛けた。遂にB候補者は激しい幸手市長選を制して幸手市長に当選したのであった。私は選挙中におけるB候補者のそれらの話を聞き、久喜市・幸手市・鷲宮町の合併は何としても成就させなければならない、と自分自身に誓ったのであった。また厳しい幸手市長選挙を草の根的な選挙手法で当選したB幸手市長であるから、必ずや幸手市民を久喜市との合併に導くことができるであろうと思った。更に政治家として自分の考えをしっかり幸手市民に伝え、理解を求め、結果を出す大切さを筆者はB幸手市長からこの時学んだのである。

B幸手市長は当選した翌日の平成15年11月10日に、法定「幸手市・五霞町合併協議会」解散の申し入れを五霞町長に行い、平成15（2003）年12月25日には幸手市は念願であった法定「久喜市・鷲宮町合併協議会」に正式に加入し、法定「久喜市・幸手市・鷲宮町合併協議会」がスタートしたのである。

以上のような経過を経て、久喜市・幸手市・鷲宮町は正式に2市1町での合併を目標に新市基本計画等の作成に取り組んだ。当時の市町村合併については平成17（２００５）年3月31日迄を期限とする、所謂旧合併特例法を根拠法としていた関係から、合併協議はその期限内合併成就を目標に迅速な協議・調整が求められたのである。筆者は合併が成就した時には、どちらの自治体においても住民サービスが低下するような事は断じて避けなければならない、と考えた。住民は当然の事ながら合併によって行政サービスが低下するような合併を望むはずがないのである。2市1町の住民サービスのレベルを比較すると、事前に筆者が思っていた以上に久喜市の住民サービスのレベルは幸手市・鷲宮町よりも進んでいた。従って合併すれば行政サービスのレベルが上昇する事になるから幸手市・鷲宮町の住民には久喜市と合併して良かったと思って頂けるはずであるし、このような状況は寧ろ合併を成就するためには都合が良いと筆者は考えた。

ところが、である。合併協議が進めば進む程、久喜市民の中には財政的に優位な久喜市が財政的に久喜市よりも劣る幸手市や鷲宮町と何故合併するのか、久喜市民が納めた税金が久喜市民のために使われず、財政的に劣る幸手市民、鷲宮町民のために使われるのではないかと、2市1町の合併に反対する意見が目立つようになり、一部の久喜市議会議員、久喜市内の一部の団体、一部の市民活動グループが合併反対を掲げて、久喜市内にて活発な宣伝活動をするような事態となった。一方で将来の久喜市が更に大きく発

市町	投票率	賛成票	反対票
久喜市	53.53%	13748（44.9%）	16904（55.1%）
幸手市	62.10%	15488（56.6%）	11874（43.4%）
鷲宮町	55.07%	12089（82.7%）	2532（17.3%）

展し、埼玉県内においても有力な自治体として生き残るためには、現在の行政面積・人口規模では限界があり、「平成の合併」には政府からの大きな財政的な支援策が約束されているのだから、市町村合併によって従来の久喜市民が損をするようなことには決してならない、市町村合併は絶対に必要であり、合併は久喜市が将来大都市へ進むための避けては通れない道である、と主張する市民グループが出現し、まさに久喜市を２分する大きな論争・対立になっていったのである。２市１町の合併賛成派、合併反対派が各々に大きなマイクを装置した宣伝カーを繰り出し、更にはそれぞれのグループが主張する主旨のポスターを市内に貼り巡らし、まさに選挙戦さながらの激しい論争を呈したのであった。

この間、合併協議会において調整を続けてきた久喜市・幸手市・鷲宮町の２市１町の協議が整い、平成16（２００４）年９月19日にはそれぞれの２市１町の自治体での住民投票が行われたのである。

「合併」の最終的な自治体の決定までの手順としては、法的には関係する自治体の議会の議決、県議会の議決、政府の告示があれば充分であったものの、当時の全国的な傾向としては行政の執行者、議会だけで市町村合併を決めるのでは無くて、住民投票を実施し住民の意向の最終的な確認をし、その後住民投票の結果を尊重して、首長も議会も合併決定をすべし、との政治的手法が一般的な状況であった。しかし、全国的な傾向としては住民投票によって多くの地域において合併協議が不調となり、合併が破綻になるケースが相次いだ。その大きな理由としては住民にとって親しんで来た従来の行政名が無くなることによる感情的な寂しさ、特定の大きな自治体が合併によって都合がよくなるのではないか、といった小規模な自治体住民の将来への心配や懸念が示された。財政的に豊かで中心的な自治体の住民からは、周辺の小規模自治体へ国からの多額の合併に伴う財政支援が流れて行く事への財政的な不公平感等々が巷間噂された。また合併後の新しい自治体名が住民の大きな関心事となり、カタカナ名やひらがな名の自治体、旧自治体の文字を合体した名前など、合併を成功裡に収めるための苦し紛れとも思われるような新しい自治体名が誕生した事から、その事も「平成の合併」においてマスコミからの批判の対象となった。埼玉県内の自治体においても首長や議会、市民や各種団体の代表者たちが一同に会しての合併協議会を組織し何回も合併協議会を開催し、協議・調整し、やっとの思いで新市計画案をまとめる事ができても、住民投票で新市誕生が否決され合併をする事ができない、といった事例が相次だ。そのような事から久喜市・幸手市・鷲宮町の2市1町においてはできるだけ丁寧に住民説明会を実施して、住民に理解を求め合併が成就するように努めた。久喜市においても合併の必要性・正当性について細かな地域ごとの住民説明会を複数回にわたり実施した。筆者は住民説明会において久喜市長として住民に対し丁寧な説明をしてきたつもりであったが、説明会の最後になると決まって住民から出て来る質問が「久喜市」の地名が無くなるのは寂しい、けしからん、との新しい自治体名『桜宮』に対する批判的な意見・質問であった。「平成の合併」において埼玉県内では、それまでに住民投票において自治体が進めようとしていた合併については、殆どが住民投票で否決され合併を断念する、との結果が続出していたのだ。久喜市の住民説明会においても「新市名」は2市1町のそれまでの名前を使わず、公募によって最多数を占めた新しい市名『桜宮市』を採用すると説明したものの、多くの説明会場においてこの新市名に対して批判的な意見が続出したのである。「久喜」は久しく喜ぶ……こんな素晴らしい名前を何故捨てるのか。確かに筆者自身も生まれて来てから馴染んで来た「久喜」。もちろん愛着は私自身にもある。「久しく喜ぶ」、なんて素晴らしい良い名前だろう！と心の中で叫んだ事が何回もあった程である。市名に関する愛着はどちらの自治体の住民でも当然持っているはずだ。「幸手」だって「鷲宮」だって、各々の住民にとっては捨てがたい素晴らしい名前のはずである。

だからこそ2市1町が合併した時の新市名を「久喜市」にするわけにはいかないのです。「幸手市」や「鷲宮市」にするわけではないのです、どうかご理解頂きたい、と筆者は説明会ではたびたび市民に申し上げたのであった。

しかし、平成16(2004)年9月19日の住民投票の結果、幸手市、鷲宮町では賛成多数であったものの久喜市においては反対多数となり、久喜市・幸手市・鷲宮町の2市1町の合併は破綻したのである。2市1町の合併協議会会長として合併を主導してきた筆者は、久喜市だけが反対多数で合併が破綻してしまった事について言葉にならない程の大きな落胆と、共に2市1町の合併成就を目標に協議を熱心に進めて来たB幸手市長、H鷲宮町長はじめ、合併賛成派の2市1町の議員、住民の皆様には申し訳なく筆者は心からのお詫びを幾重にも申し上げたのであった。筆者はこの結果に茫然自失、誠に残念至極の思いであった。

新市名については2525通の一般公募で寄せられた意見を集約し、平成16年5月26日の久喜市・幸手市・鷲宮町合併協議会で『桜宮市』に決定していたが、この新市名に対して、幸手市は〝桜〟、鷲宮町は〝宮〟が新市名に入っているのに、久喜市の名称が新市名には全く反映されていない、とする久喜市民の不満、更には幸手市・鷲宮町に対して財政的に優位性のある久喜市民の合併に対しての将来的な不安・不満等々から、久喜市において「久喜市・幸手市・鷲宮町」の合併反対多数に繋がったと噂された。
この住民投票の結果を受けて2市1町の法定「久喜市・幸手市・鷲宮町合併協議会」は平成16（2004）年11月30日をもって正式に解散した。

思い起こせば筆者は平成3（1991）年4月に埼玉県議会議員選挙に初当選し、当時久喜市においては自民党県議会議員としては30年振りの当選であり、念願であった社会党から県議会の自民党議席の奪還ができた、と多くの久喜市民に喜ばれ期待をされていることを強く感じたものであった。そのような中、筆者は埼玉県議会平成4年2月本会議場において、当時の畑知事に一般質問する機会を与えられた。質問は「人口増が続く埼玉県ではあるが、県内92市町村はあまりにも自治体数が多すぎやしないか。今後埼玉県が大きく発展するためには埼玉県内の自治体の体質強化のために、全国に先駆けて埼玉県内の市町村合併を積極的に実施すべきである、畑知事のお考えを聞きたい」という主旨の一般質問であった。

あの埼玉県議会議場での筆者の畑埼玉県知事への初質問から約20年経過し、まさか自分自身が市町村合併の当事者たる久喜市長として、幸手市・鷲宮町との合併を進める立場になるとは夢にも思わなかった事であったし、まさかその夢である2市1町の合併が、数々の苦労を重ねた協議の末に住民投票によって破綻する結果になろうとは、更に思いがけない事であり残念至極の極みであった。

久喜市・幸手市・鷲宮町の合併が破綻した翌朝に、新井勝行久喜市議会議長が意気消沈している筆者を慰めるために久喜市長室を訪問してくれた。新井議長とは共に2市1町の合併成就を願ってのそれまでの様々の活動が、合併破綻により全て水疱に帰してしまったこと、その残念・無念さに久喜市長室で2人して涙を流した事を思い出す。新井議長は合併推進派の議員のリーダー的存在で、久喜市のみならず周辺の市町村の議会関係者にも合併推進のために奔走していた。私は新井市議会議長に対し次のように言った。「政府は旧合併特例法に代わり、平成17（1995）年度以降、現行合併特例法を施行する見込みである。今回の2市1町の合併破綻を参考にして必ず、必ず自分はもう一度立ち上がり、信念である近隣市町村との合併を実現する覚悟であるから、是非これからも力を貸して欲しい。そのためにも久喜市議会や周辺の自治体の議会を宜しくまとめて欲しい」と。新井議長は私の言葉を聞くと一瞬ビックリしたような表情を見せたが、直ぐに「当然だ。全力で応援する」と言ってくれて、私の手を強く握り返してくれたのであった。

久喜市の近隣においては平成16年12月31日に法定「東埼玉まちづくり合併協議会」、

法定「北川辺町・大利根町・栗橋町合併協議会」が、平成17年3月31日には法定「蓮田市・白岡町・菖蒲町合併協議会」が、住民投票で反対多数の自治体が続出した結果、各々の市町村合併が破綻し合併協議会は解散した。

「平成の合併」は平成11（1999）年以降全国的に推進されてきたが、全国的には筆者がそうであったように、市町村合併が予定通りに進まず合併が頓挫したものの、合併を諦めきれない首長が居るとみた政府は、平成17（2005）年4月1日から現行合併特例法を施行して、全国的な市町村合併を継続して推進する姿勢を見せた。旧合併特例法においては政府は自治体同士の自主的な合併を建前としていたが、現行合併特例法では総務大臣が基本指針を示し、都道府県は市町村の合併の推進に関しての構想を示した。更に都道府県では県内の市町村の合併組合せを具体的に示した。「平成の合併」が始まった平成11（1999）年3月31日には全国3232の自治体数が、旧合併特例法下で平成18（2006）年3月31日には1821自治体数となっていたのである。

このように政府の合併についての支援策もあり、又久喜市周辺の自治体の合併が全て破綻した事から、筆者はもう一度周辺の市町村とともに合併協議会を立ち上げて合併を成就し、久喜市及び周辺の自治体が将来に悔いを残さないよう、全力で合併に再挑戦する事を自分自身に誓ったのであった。合併に再挑戦するからにはまた同じような失敗は許されない。何としても合併を成就させせなければならない。万が一また同じような合併破綻となったらば自分自身は久喜市長に留まることは許されない。その時には潔く久喜市長を辞任しようと筆者は決意した。まさに背水の陣の気持ちで合併に取り組もうと心に決めたのであった。

「平成の合併」の推進と同時期に地方分権の観点から、政府（小泉内閣）によって国庫補助金負担金改革、税源移譲、地方交付税改革をその内容とする「三位一体改革」が進められたが、そのうち地方交付税については平成16年から平成18年の3年間で全国で約5兆円抑制された。この事により当時は高齢化に伴う社会福祉費の増大などと相俟って、地方財政は一気に悪化したのだ。加えて合併特例債に代表される手厚い財政措置の期限が平成17年度までの合併となっていたこと事もあり、各市町村の合併時期は全国的に平成16年度、平成17年度に集中した。平成16年度の市町村合併件数は２１５、合併関係市町村数は８２６であり、平成17年度の市町村合併件数３２５件、合併関係市町村数は１０２５であった。この時期の合併は財政的な理由で合併を選択する市町村が多かったと考えられる。

「平成の合併」を推進する理由として、全国の自治体の首長の多くは少子高齢化に伴う将来的な財政的な不安を挙げた首長が74・５％と圧倒的であった事が、如何に当時の

合　併　件　数　（H22.3.31）

	件数	合併関係市町村数	市町村数	
			前年度末	当年度末
H11年度	1	4	3,232	3,229
H12年度	2	4	3,229	3,227
H13年度	3	7	3,227	3,223
H14年度	6	17	3,223	3,212
H15年度	30	110	3,212	3,132
H16年度	215	826	3,132	2,521
H17年度	325	1,025	2,521	1,821
H18年度	12	29	1,821	1,804
H19年度	6	17	1,804	1,793
H20年度	12	28	1,793	1,777
H21年度（H22.3.31まで）	28	75	1,777	(1,730)
計	640	2,142		

※ H17 年度には、現行合併特例法による合併 1 件を含む。
※ H21 年度は H22.3.31 までの数字。
※ H22.1.12 までに合併の官報告示を終えたもの。

合併した理由

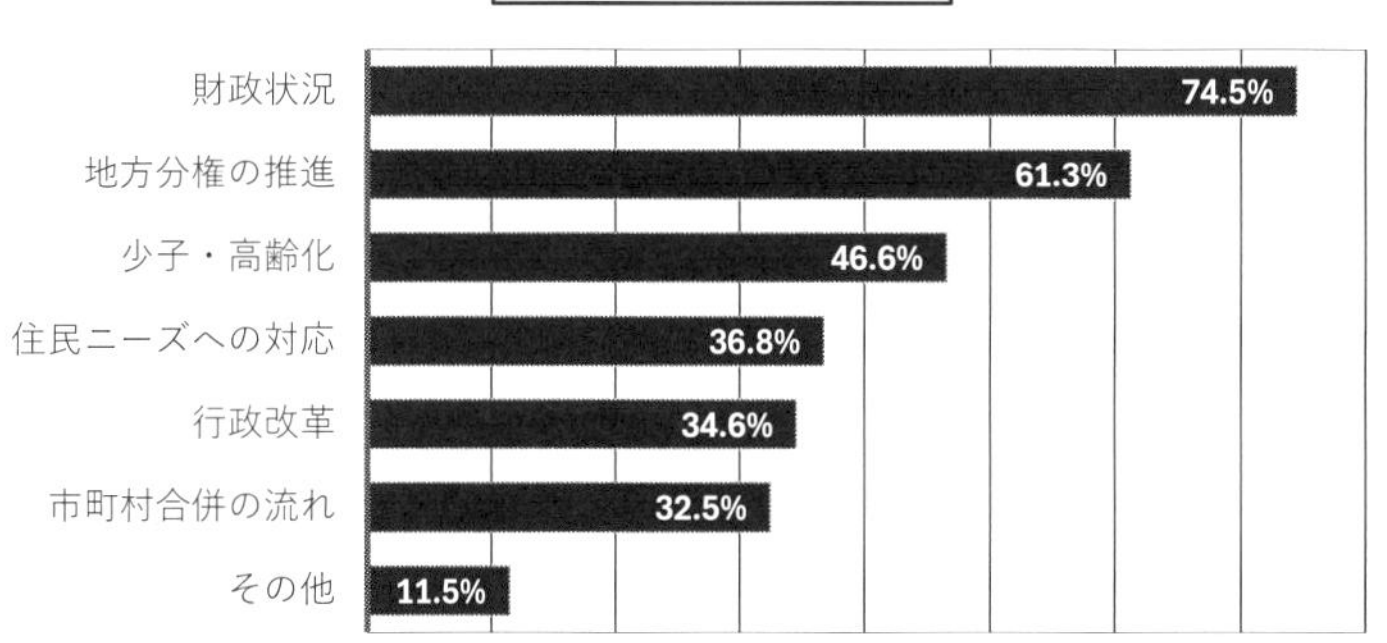

※（財）日本都市センターの「市町村合併に関するアンケート調査」（H20 年度、416 団体より回答）の結果により作成

（総務省「『平成の合併』について」（平成 22 年 3 月））

首長たちが自治体の将来の財政運営について不安感を持っていたかを表している。

久喜市は平成19年度の地方交付税収入はゼロであった。筆者が久喜市長になってからは初めての事であり、過去にもこのような事例は久喜市では無かった。筆者は当時の政府の方針からするとそのような事が久喜市ではあるかもしれないと懸念をしていたものの、久喜市への地方交付税がゼロとの連絡が政府からあった時にはさすがに驚愕し愕然とし、現場の実態を無視した政府の強硬なやり方には憤りを感じたものである。

この事によって筆者は小泉内閣の三位一体改革、とりわけ地方交付税の削減への強いこだわりを感じた。と同時に、だからこそ市町村合併を実現しなくてはならない、と筆者は強く市町村合併への決意をより固めたのであった。

このような状況下、平成18（2006）年3月30日には埼玉県において、いよいよ「埼玉県市町村合併推進構想」が策定・公表された。埼玉県内おいて基礎自治体による自主的な市町村合併を推進するため、県内東部地区においては、久喜市を含む枠組みとして5市9町が示されるとともに、その中でも優先的に合併に取り組む枠組みとして3市6町（久喜市・蓮田市・幸手市・宮代町・白岡町・菖蒲町・栗橋町・鷲宮町・杉戸町）が示された。

私はいよいよ具体的な行動に移すべき時が再びやって来た。必ずや、久喜市を中心とした市町村合併を実現する、しなくてはならない。それが周辺の自治体の私への期待である、と自覚し切歯扼腕し、身体全体が緊張で身震いするような強い思いが沸き起こり、自分自身の気持ちの高ぶりを抑える事ができなかった。

埼玉県から「埼玉県市町村合併推進構想」が発表される以前の状況は、平成16（２００４）年9月19日に実施された久喜市・幸手市・鷲宮町の住民投票の結果、2市1町の合併は破綻であったが、久喜市と同様に久喜市周辺の多くの自治体が合併に失敗、既に合併協議会も廃止・解散し、再び合併に向けて取り組もうとしても中々キッカケが無くて困惑している状況であった。そこで私が県議会議員であった自身の経歴をフルに活用し、合併に積極的な旧知の埼玉県議会議員たちに声をかけ「利根南部都市圏3市6町の合併を考える会」を組織化してもらい、平成17（２００５）年11月18日には久喜市内で地元選出の県議会議員が発起人となり、県議会議員と首長とが一堂に会して合併に関する意見交換会を実施した。市町村合併について3市6町の首長全員と殆どの合併推進派の県議会議員が一同に会し意見交換する、となるとマスコミの関心は高く、多くの新聞記者が取材に訪れ、翌日の朝刊にはどこの新聞も筆者の期待通りに記事として掲載されたのである。この状況に私は一人ほくそ笑んだのだった。

埼玉県が示したこの3市6町の組織は久喜市を中心とした周辺の自治体が「田園都市づくり協議会」という名称で、かねてから久喜市長を会長として活動していた組織であり、各々の自治体が有している行政施設を共通の施設として、3市6町の自治体が有効に利用し合う等、この組織を利用して、行政的繋がりを従来から確認していた組織であった。つまり「平成の合併」の以前から埼玉県も承知していた当地域の自治体の首長が参加する横断的連絡組織であった。

其の後、平成18（2006）年6月30日には首長だけの3市6町の市・町長による合併に関する意見交換会を久喜市内で実施、更に10月30日に同様の意見交換会を実施した。この2回目の3市6町首長意見交換会において、市町村合併の枠組みについては、3市6町の自治体の首長の合併についての考え方に基本的な温度差がある事、又3市6町全体では行政面積や人口規模が大きすぎる事等から、3市6町全体としてではなく、個別に検討していく事が必要であるとの確認が為された。2回目の意見交換会において、この地区での合併については個別の自治体での検討が必要との確認が首長レベルで為されたことについては、筆者にとっては今一度市町村合併へのチャレンジができるチャンスが到来した、と期待で胸が躍る思いであった。今後は3市6町の首長の中から久喜市との合併に前向きな首長に、私から連絡を取ることがオーソライズされた事に他ならない結論であったからだ。この2回目の首長参加の意見交換会の結論に私は大いに喜び、小躍りした。

以上の経過を経て、平成19（2007）年6月26日、久喜市、白岡町、菖蒲町及び鷲宮町の1市3町の合併に関する意見交換会が初めて開催され、合併に関する議論が再開されたのである。私にとってはまさに背水の陣、今回合併ができなかったら自分自身は政治の世界から引退も止むを得ない、との必死の思いであった。それ以降筆者は白岡町、菖蒲町、鷲宮町の3町にはできるだけ足を私から運ぶように努めた。

1市3町の人口、社会基盤整備の状況等を見れば、誰が見ても久喜市が中心となり合併を推進しなければ市町村合併は成就しない、との思いであった。だからそれぞれの町の伝統的なお祭り等のイベントにも筆者は積極的に訪問してお互いの自治体のPR等にも努めた。筆者が青年時代に様々な団体に所属していた頃にお付き合いのあった3町の友人たちを訪ね、1市3町の合併について率直な意見を聞くことに努めたのもこの頃である。いずれ市民・町民の合併に関する最終的な意向調査を実施しなくてはならないが、その時に唐突な合併話、との印象を3自治体の町民に与えてはならない、と私は考えていた。できるだけ穏やかに1市3町の住民に少しずつ合併に対する機運を盛り上げていかねばならないと考えていた。

このような状況の中、平成19（2007）年11月27日に、思いがけなくも1市3町（久喜市・白岡町・菖蒲町・鷲宮町）の合併協議への参加をE栗橋町長が申し入れてきた。平成

19年6月から既に1市3町の合併協議が進んでいたが、E栗橋町長が栗橋町議会議長を伴って久喜市長室に来庁され「市町村合併に関する町民アンケート調査（平成19年10／13～10／29）を栗橋町で実施した結果からのお願いである。栗橋町民は久喜市との合併を望んでいる。栗橋町は合併にあたり無条件で是非久喜市を中心とした1市3町の合併協議に参加させて欲しい、との話であった。E栗橋町長はかねてから市町村合併については熱心ではない、との話が私の耳には伝わってきていたこともあり、私はE栗橋町長からこの話を聞いた時には、E栗橋町長の本音はどこにあるのか。本気か？　形だけの合併の申し入れではないか？　と訝ったものであった。

この段階では既に久喜市・白岡町・菖蒲町・鷲宮町の1市3町での合併枠組みでの協議が相当程度進行している中でのE栗橋町長からの久喜市との合併の申し入れであったのだ。私は平成22（2010）年3月末までの合併期限が頭をよぎり、果たして栗橋町を新たに加えての1市4町の合併協議が期限迄に間に合うだろうかと心配したが、他の3町長（白岡町・菖蒲町・鷲宮町）と相談した結果、「なんでこんな押し迫った時期に、もう少し早く合併の申し入れをしてくれれば良いのに」との意見はあったものの、「E栗橋町長からの申し入れを断るわけにもいかないだろう。大急ぎで合併期限に間に合うように協議を進めよう」という話にまとまり、E栗橋町長の合併協議への申し入れを受諾したのであった。

ところが、E栗橋町長からの合併協議への参加申し入れを受諾したのもつかの間、平成19（2007）年12月6日にはF白岡町長が1市3町の合併に関する意見交換会からの脱会を申し入れてきた。合併に関する意見交換会が平成19（2007）年6月26日に開始されて以来、既に半年余り経過した中での脱退の申し入れに、私はF白岡町長の翻意に驚くと共に、その不誠実さに怒りがこみ上げ忸怩たる思いであった。合併協議がこここ迄に至ってのF白岡町長の意見交換会からの脱会申し入れを私は素直に理解ができなかったが、当時白岡町は白岡市への移行事務手続きが進められており、その移行との関連を合併協議からの脱退の理由とすることが噂されてはいた。が、F白岡町長から私への1市3町の意見交換会からの脱会に関する明確な説明は、ついに、無かったのである。

平成19（2007）年12月12日、脱会したF白岡町長を除いた1市2町（久喜市・菖蒲町・鷲宮町）の首長による意見交換会を急遽開催し、正式に栗橋町の意見交換会への参加と白岡町の脱会が久喜市・菖蒲町・鷲宮町の1市2町長全員一致で了承された。その後直ちに栗橋町を加えた1市3町（久喜市・菖蒲町・栗橋町・鷲宮町）の首長による、新たな1市3町の枠組みによる意見交換会を開催した。そして平成22年3月末日迄の合併新法の期限内合併を目指して、1市3町で速やかに協議を進める事が合意されたのであった。

ところが、である。更に平成19年末も迫った平成19（2007）年12月25日にB幸手市長が1市3町（久喜市・菖蒲町・鷲宮町・栗橋町）の合併協議への幸手市の参加申し入れに、久喜市長（筆者）を来訪されたのである。その時のB幸手市長の話では、年明けの平成20（2008）年1月中には幸手市民に対して合併に関する市民アンケートを実施予定である、との事であった。前A幸手市長は久喜市との合併については、茨城県五霞町との合併話を持ち出すなど、真意が中々摑めなかったが、その後のB幸手市長はA幸手市長に市長選挙で勝利し幸手市長を務めていたが、久喜市との合併については幸手市議会との対応で苦労している、との話であった。そのような中、年が明けた平成20（2008）年1月には、久喜市、菖蒲町、鷲宮町各々が「久喜市・菖蒲町・鷲宮町・栗橋町」の1市3町を枠組みとした合併に関する住民意向調査を実施（平成20年1／18〜1／31）、それぞれの自治体において合併を進めることに賛成多数という結果となった。栗橋町については既に平成19年10月に久喜市との枠組での合併については町民アンケート調査を実施済みであり賛成多数との結果を得ていた。（図表参照・『新久喜市誕生の軌跡』久喜市）

幸手市においては平成20（2008）年1月15日〜29日の日程で「合併に関する市民アンケート」を実施。その結果1市3町（久喜市・菖蒲町・栗橋町・鷲宮町）の枠組み、との合併を希望する意見が多数との結果となった。

◆市町村合併に関する町民意向調査

【栗橋町】

調査期間　平成19年10月13日～10月29日
調査方法　調査票郵送―郵送による回答
調査対象　平成19年9月1日現在、住民基本台帳に記載された20歳以上の住民
調査対象者数　21,813人
回答者数　12,433人
回収率　57.0%

回答内訳	回答者数	割合
①合併を選択することが望ましい	9,625人	77.41%
A　久喜市など	5,215人	54.18%
B　幸手氏など	3,208人	33.30%
C　その他	856人	8.89%
②合併を選択しないことが望ましい	2,678人	21.54%
D　当面は望まない	1,740人	36.97%
E　将来も望まない	806人	30.10%
F　その他	78人	2.91%
無効	130人	1.05%
合計（①+②+無効）	12,433人	100%

※①②のみを選択している場合があるため、A,B,C,D,E,F と無効の計は合計と一致しない。
※ A,B,C の割合は①中におけるもの。D,E,F の割合は②中におけるもの。

◆1市3町（久喜市、菖蒲町・鷲宮町・栗橋町）を基軸とした合併に関する住民意向調査

調査期間　平成20年1月18日～1月31日
調査方法　調査票郵送―郵送による回答
調査対象　平成19年12月1日現在、住民基本台帳に記載された20歳以上の住民（菖蒲町は永住外国人を含む）

【久喜市】

調査対象者数　58,324人
回答者数　36,058人
回収率　61.8%

回答内訳	回答者数	割合
1．合併を進めるべきである	18,845人	52.3%
2．合併を進めるべきではない	12,047人	33.4%
3．どちらでもよい	4,928人	13.7%
無効	238人	0.6%
合計	36,058人	100%

【菖蒲町】

調査対象者数　17,716人
回答者数　11,763人
回収率　66.4%

回答内訳	回答者数	割合
1．合併を積極的に進めるべきだ	5,112人	43.5%
2．合併はやむをえない	4,900人	41.7%
3．合併を進めるべきではない	1,710人	14.5%
無効	41人	0.3%
合計	11,763人	100%

【鷲宮町】

調査対象者数　28,474人
回答者数　18,231人
回収率　64.0%

回答内訳	回答者数	割合
1．賛 成	14,033人	77.0%
2．反 対	2,455人	13.5%
3．どちらでもよい	1,698人	9.3%
無効	45人	0.2%
合計	18,231人	100%

（久喜市『新「久喜市誕生の奇跡」』（平成23年3月））

ここにおいて私は大いに悩んだ。悩みに悩んだ。そして苦しんだ。苦しみ抜いた。幸手市の市民アンケートの結果が久喜市との合併を希望する幸手市民が多数を占めた以上、B幸手市長が1市3町との合併協議に参加を希望する事は明白であるからである。B幸手市長は久喜市職員時代は私の部下であり、その真面目さ、事務事業の熱心さ、仕事を進めるに当たっての間違いの無さを現役時代から私は承知していた。

だからこそ私はB幸手市長を久喜市の部長職に据えて、当時ダイオキシン対策で大いに困難な事業であったゴミ処理事業・廃棄物対策事業等で活躍してもらったのであった。しかし今は久喜市長、幸手市長という立場で各々の市民から2人とも負託を受け、各々の自治体が永遠に発展する事を願い、其の事を仕事とし、熱い支援者の声援を背にしての合併協議の真っ只中に居る。まさに胸突き八丁の場面であったのだ。今、B幸手市長の希望通りに幸手市を1市3町の合併協議に参加してもらい、2市3町で新しく合併協議を進めたいと筆者も願ってはいるものの、久喜市との合併には反対の議員が多いとされる幸手市議会を抱える幸手市を合併協議会に加入してもらい、本当に2010年3月末までの合併期限までに2市3町の合併協議が間に合うのか、との懸念であった。これから法定協議会を各自治体が設置し、合併協議を進め新市名や本庁舎の位置などを決め、その後それぞれの自治体が住民説明会を実施し、更に最終的な住民意向の確認作業である住民投票の実施、各自治体の議会の承認に伴う諸手続き、埼玉県議会の承認、その後政府による廃置分合の官報告示、等々の法的な事務手続きを経なければ最終的な新市誕生にはならないのである。このような新市誕生までの法的作業が続く流れの中で、どこかの自治体で僅かなことで事務手続きが遅れれば、数か月や半年程度の事務の遅延は当然起こり得るのだ。また合併協議に参加する自治体の数が増えればその分、合併成就への課題が増えることになるのだ。この事についても、どうして幸手市長と幸手市議会議長は一緒に久喜市に合併協議会参加の申し入れに来ないのか、との小さな疑問が湧いた。

筆者の予想通り平成20（２００８）年2月1日にB幸手市長から、2月13日には幸手市議会から久喜市・菖蒲町・栗橋町・鷲宮町の合併協議への参加の申し入れがあった。

しかし、ここで幸手市の合併協議会への参加の申し入れを筆者が断れば、B幸手市長の今日までの苦労を無にする事になってしまうし、幸手市は久喜市との合併について合併協議をすることもなく、合併から撤退する事になってしまうのである。そうなれば幸手市においてB幸手市長の政治責任が問われることは必至ではないか。幸手市長からの1市3町の合併協議会への参加申し入れを拒否する事は、苦労を同じくする市長としての立場を考えた時、また人として許されない事ではないのか。B幸手市長に対して自分はあまりにも冷たいのではないか、といった感情が湧いて来て、幸手市の1市3町へののであった。逡巡に逡巡を重ねたのである。

合併協議参加申し入れを受け入れるべきか、拒否すべきか、筆者の気持ちは揺れ動いたのであった。逡巡に逡巡を重ねたのである。

B幸手市長にはいくら厳しい幸手市議会対策があったとしても、せめてあと数か月早く合併協議への参加を申し入れをして欲しかったし、そもそも幸手市議会の久喜市との合併反対派はこの時期に幸手市が久喜市への合併への枠組み参加の申し入れをしても、久喜市長（筆者）は受け入れを拒否をすると想定しているのではないか。幸手市議会は依然として久喜市との合併に反対する市議会議員が多数を占めているとの話ではないか。幸手市議会における久喜市との合併反対派議員の私への嫌がらせではないか。幸手市議会は本当に最終的には賛成多数で久喜市他4市町との合併が成就する事を望んでいるのか。仮に幸手市に合併協議に参加して貰い、万が一2市3町の合併協議が遅延するような事になったら、法の定めた期限内での5自治体の全ての合併ができなくなってしまうではないか。そのような事は、1市3町の合併協議がここまで来た以上、何としても避けなければならない。

結局、久喜市における2度目の合併破綻は許されないことである、と私は考えるに至ったのである。

幸手市議会の久喜市との合併成就への不安定さ、合併成就のためには時間的な猶予が余りにも少ない、を主たる理由としてB幸手市長からの「久喜市・菖蒲町・栗橋町・鷲宮町合併協議会」への幸手市の参加の申し入れに対しての筆者の回答は〝拒絶〟であった。1市3町の首長の協議結果とはいえ、様々なB幸手市長の苦労を見聞きして来た筆者のB幸手市長への申し訳なさは、まさに断腸の思いであり、今に至るまで私の脳裏から消えた事は無い。B幸手市長に対する筆者の生涯にわたる贖罪である。

幸手市は「平成の合併」ではついに合併実現には至らず、孤高の立場を貫き現在に至っている。

平成20（2008）年3月、1市3町（久喜市・菖蒲町・栗橋町・鷲宮町）の各市・町議会において法定合併協議会設置案が賛成多数で可決した。具体的な日時は久喜市3／21、菖蒲町3／10、栗橋町3／10、鷲宮町3／6であった。1市3町議会各々の議決を受けて、上田埼玉県知事に対して1市3町合併協議会設置の届出を行うとともに、1市3町の首長が全員で合併に向けた取組に対する埼玉県の支援についての要望書を3／25に上田埼玉県知事に手交・提出した。

平成20（2008）年3月27日、埼玉県が「埼玉県市町村合併推進審議会」を開催し、1市3町（久喜市・菖蒲町・栗橋町・鷲宮町）を、埼玉県市町村合併推進構想で定める構想対象市町村の組み合わせに追加する事が正式に承認されたのである。埼玉県もこの段階での1市3町の合併協議への幸手市への合流・参加は時間的に難しいと感じていたに相違ない。

ここに至り私はB幸手市長からの1市3町で進んでいる合併協議への幸手市の合流については現時点では不可能であり、先ずは1市3町の合併成就が先決であることから、合併協議途中での幸手市の合流は困難である、との回答をB幸手市長に改めて正式に申し上げた。私としては1市3町の合併により新市誕生後、可能であれば、その後新市と幸手市との合併を進めようと考え、その旨をB幸手市長に申し上げた。が、これ以降B幸手市長から久喜市との合併についての話は一切無かったのである。

•平成20（2008）年4月1日　久喜市・菖蒲町・栗橋町・鷲宮町の1市3町での合併協議会（法定）を設置。

合併協議会は1市3町の首長・副首長・議員・学識経験者からなり総員29人。会長は久喜市長、副会長は3町長。

平成20（2008）年5月7日　第1回久喜市・菖蒲町・栗橋町・鷲宮町合併協議会を開催。

合併協議会は合計13回開催した。筆者は会議の開催地は1市3町の各々の庁舎を利用し、特定の自治体に開催場所を固定しないように配慮した。合併協議会は合併協議会で確認された新市基本計画作成方針に基づき、新市まちづくり懇話会の設置・提言や新市のまちづくりに関する住民意識調査の結果を踏まえた上で、合併協議会において新市基本計画を策定した。

平成20（２００８）年６／13～６／26。合併協議会が「新市のまちづくりに関する住民意識調査」を実施。調査対象は久喜市６０００人、菖蒲町２０００人、栗橋町２５００人、鷲宮町３０００人。合計20歳以上の住民１万３５００人を対象とした調査であった。

●新市まちづくり懇話会の設置

法定合併協議会とは別組織として、１市３町の住民だけを構成員とする「新市まちづくり懇話会」を設置した。筆者には新市については住民の考え・希望・意向等をできるだけ新市のまちづくりに取り入れるべきと考えていた事が基本にある。新市を構成する４つの自治体は各々が昭和の合併で誕生した自治体であるが、それぞれが昭和30年前後にできてから60年以上の歴史を持つことから、新市のまちづくりにおいてはその特徴を新市に生かすべきと考えていた。そのためには行政側の視点もさることながら、住民側の視点は欠くことができないと筆者は考えていた。また住民の考えを新市の事業に取り入れることによって、できるだけ早くに新市としての一体性を築きたいと考えていた。

新市は農業が盛んであり、東北道・圏央道の高速道路が通り、久喜地区・菖蒲地区にはインターチェンジがあり、その周辺には大小の工業団地の集積があり、又国・県の住宅団地や民間の住宅団地も複数造成されており、中には建設後数十年を経て劣化が見られてきた住宅団地の問題、国道・県道・市道等が複数市内を横断縦断しており、主要道路の補修や久喜・菖蒲・栗橋・鷲宮の4つの地域の一体性を確保する観点からの新設道路の問題、東京理科大学撤退後の跡地の問題、久喜市と宮代町とで共同で進めてきたごみ処理行政の中枢的課題である新しいゴミ焼却炉の問題、経年劣化が目立ってきた栗橋・鷲宮のごみ処理施設の問題、男女共同参画社会建設の問題、そして埼玉県随一と第3者機関（東洋経新報社）に評価された久喜市の子育て支援策の更なる充実の問題、4つの自治体にある運動公園に係る諸問題、大小の住民の集会施設の老朽化に対する問題、少子化に伴う小中学校の施設に係る問題、高齢社会の中での一人暮らしの高齢者問題等々、の諸問題をこの「新市まちづくり懇話会」で住民の立場で自由に語り合い、新市への提言を期待したのである。そのためにも「新市まちづくり懇話会」の委員は各界各層、老若男女を代表して頂くように、委員の選出には筆者は苦労した。委員は公平を期すためにも1市3町から自治体の人口に拘わらず7名ずつの総員28名とし、商業者、農業者、勤労者、主婦、スポーツ団体等様々な団体から選抜された方々で構成し、年齢的にも若い階層からも参加して頂いた。公平・公正な運営が期待される座長には榎本善司氏（久喜市）にお願いした。新しく誕生する新市のまちづくりや住民サービス等について調査研究し、その結果を合併協議会に提案して頂いたのである。新市まちづくり懇話会はそれまでの1市3町の総合振興計画等や住民意識調査等を踏まえての諸課題や地域資源、新市のまちづくりの課題・可能性、新市のまちづくりの方向性等の検討を住民の立場で検討し、新市基本計画を策定するにあたり提言して頂いた。第1回は平成20（2008）年6月22日に開催され計6回の懇話会が開催されたが、平成20（2008）年7月13日にはタウン・ウオッチングとして、委員は1市3町の主要施設・歴史的資源などの現場を見学した。このような経過を踏まえて、平成20（2008）年10月2日に合併協議会会長（筆者）に、新市まちづくり懇話会会長から提言書が提出されたのである。

• 合併協議会たよりの発行

住民への情報提供は極めて重要である、との認識から合併協議会の（1）「合併協議会たより」を月1回発行した。発行回数は平成20（2008）年6月1日発行の創刊号から平成22（2010）年1月1日発行の終刊号迄の15回に及んだ。1回の発行部数

6万部。できるだけ詳細に住民に伝える手段であったが、効果は抜群であったと自負している。(2)合併協議会のホームページは平成20(2008)年8月29日に開設した。ホームページを見る住民は徐々に増加し上々の反応であった。(3)合併に関するパンフレット『豊かな未来を創造する個性輝く文化田園都市を目指して』は新市基本計画をはじめ、合併協議の概要を住民に広報する事を目的に、全戸に平成21(2009)年3月1日に配布した。発行部数は1回に6万5000部とした。この広報紙は住民の合併の話題作りには効果があった。(4)合併に関するパンフレット(資料編)は第9回合併協議会までの協議結果の主なものを合併協議会が資料編としてまとめた。この資料編は合併の住民説明会参加者に配布するとともに、主要な公共施設、ホームページで閲覧に供した。(5)合併に関する住民説明会を1市3町において平成20(2008)年3月8日〜3月28日に、久喜市6会場、菖蒲町3会場、栗橋町3会場、鷲宮町4会場で開催した。参加者は合計983人であった。この他久喜市と菖蒲町の共催により1会場、菖蒲町の主催により8会場、栗橋町の主催により3会場において住民説明会を開催した。各会場とも多少の反対的な意見はあったものの、新市に期待する具体的な事業の提案・意見もあり、全体としては順調な説明会であった。筆者は説明会場内の全体雰囲気を感じた中で「今回の1市3町の合併はいける」との確信に近い強い気持ちを持つ事ができた。

・平成20（2008）年8月28日、第4回久喜市・菖蒲町・栗橋町・鷲宮町合併協議会を開催。

第4回合併協議会で新市の名称を「久喜市」とし、新市の事務所の位置を「現久喜市役所」とすることが承認された。私は久喜市では平成16（2004）年9月19日の住民投票において「久喜市・幸手市・鷲宮町」の合併に伴う新市の名称が大きな問題となり、合併が破綻した事を思いおこし、第4回合併協議会で「久喜市」と新市名が決まった事に安堵するとともに感無量であった。当然の事ではあるが、今まで住んでいた自治体の名称については誰しも愛着があり、全国的にも合併が破綻した多くの事例として、自治体の名称が変わる事に対して住民の不満があったとされた。久喜市においては平成16（2004）年9月19日の2市1町（久喜市・幸手市・鷲宮町）の住民投票において、久喜市民の合併反対の主な理由は、新市の名称が「久喜市」では無い事の不満が大きかったとされた。従って平成17年以降の合併協議の時に筆者は「新市名は久喜市でお願いしたい」と周辺の首長には頭を下げ続けて来たのであった。3人の町長には「新市名」については様々な考えがあったと思われるが、「久喜市」をお許し頂いた3町長には今もって心からの感謝を申し上げたい。「新しい本庁舎」については現久喜市役所の位置が承認された。1市3町の中で久喜市の人口が最も多く新久喜市全体人口の約半数を占め、新久喜市の中で地形的にも旧久喜市役所本庁舎は中心部に位置している事から、当然との意見もあったが、しかし新市名・新本庁舎共に旧久喜市を了解頂いたことについては、3人の首長や議会議員を初め関係者・住民の方々に感謝の言葉しかない。

・平成21年（2009）3月に合併に関する住民説明会を各市町と合併協議会との共催で開催

久喜市：3／21（3会場）、3／22（3会場）、菖蒲町：3／8（2会場）、3／14、栗橋町：3／8、3／14、3／15、鷲宮町：3／15（2会場）、3／28（2会場）。

合併協議会での協議結果等を住民に周知し、合併に関して住民の理解を求める事を目的に住民説明会を開催した。説明会では合併に関するパンフレット「豊かな未来を創造する個性輝く文化田園都市を目指して」を基に説明が行われ、延べ983人の参加者があった。

この日程の他、久喜市と菖蒲町の共催により1会場、菖蒲町の主催により8会場、栗橋町の主催により3会場において住民説明会を開催した。

・新市基本計画の策定

新市基本計画は合併協議会で承認された新市基本計画作成方針に基づき、新市まちづくり懇話会の提言や新市のまちづくりに関する住民意識調査の結果を踏まえた上で合併協議会において作成された。

・住民意向調査を実施

平成21（2009）年4／6〜4／27、久喜市、菖蒲町が「合併の是非に関する住民意向調査」を実施。

平成21（2009）年4／27〜5／14、栗橋町、鷲宮町が「合併の是非に関する住民意向調査」を実施。

1市3町とも往復はがきによる郵送回答とし、平成21（2009）年3月1日現在の20歳以上の住民を調査対象とした。結果は次の通りであった。

久喜市：賛成53・5％、反対31・5％、どちらでもよい14・6％、無効0・4％
菖蒲町：賛成75・9％、反対23・6％、無効0・5％
栗橋町：賛成79・1％、反対20・0％、無効0・8％
鷲宮町：賛成72・9％、反対15・9％、どちらともいえない11・0％、無効0・1％

1市3町の最終的な住民の意向の確認については、もうその必要は無いとの意見が3

町の一部にあったが、私はどうしてもこの最終確認は久喜市としては実施しなくてはならないと主張した。平成16（2004）年9月19日の住民投票において、反対多数で合併が破綻との過去の経緯が久喜市にはあったが、何よりも今回の「平成の合併」によって従前の久喜市が消滅して、新しい久喜市に生まれ変わるという事については、全体としての市民意向の最終確認をしないわけにはいかない、と3町の首長に理解を求めたのである。

住民意向の確認方法としては平成16（2004）年9月の2市1町の合併の時には、投票期間は1日の住民投票であったが、平成21（2009）年の「合併の是非に関する住民意向調査」については住民への往復葉書によっての回答とした。この方法に依る合併に関する住民意思の確認については一部の市議会議員・市民からの反対意見があったが、筆者は回答期間を3週間程度と定めて多くの住民が回答をし易いようにした。また合併について家族で世代を超えて話し合い、若い人には友人たちと将来の久喜市についての夢を語り合い、回答して欲しいと考えたのである。

結果は1市3町すべての自治体において合併に賛成多数となった。今回の合併はいける、と思ってはいたものの、実際に合併賛成の結果が判明した時には筆者は県議会議員時代に埼玉県議会においての筆者から畑和知事への一般質問を思い出し、心からの喜びがあった。

•平成21（2009）年5月28日、合併協定調印式を久喜市内で挙行

合併協定調印式は上田清司埼玉県知事に立会人をお願いし、来賓として衆議院議員、埼玉県議会議員、1市3町の議会議員、合併協議会委員、新市まちづくり懇話会委員など、130人が出席して久喜市内で開催された。調印式では1市3町の市・町長が合併協定項目の調整方針を記載した「合併協定書」に署名を交わし、埼玉県知事が特別立会人として署名し、その後立会人として各市町議長が署名した。私は式典中、調印式に至るまでの様々な場面を思い起こし、遂に念願であった合併調印式に至った喜びの感情・感激を抑える事ができず、合併協議会長としての挨拶の中で思わず感極まり言葉に詰まった。

•平成21（2009）年6月1市3町の市町議会において合併議案が賛成多数で可決

久喜市6／24、菖蒲町6／11、栗橋町6／24、鷲宮町6／15で各々の市町議会において合併議案が可決された。

議案は平成22（2010）年3月23日から久喜市、南埼玉郡菖蒲町、北葛飾郡栗橋町、北葛飾郡鷲宮町を廃し、その区域をもって「久喜市」を設置する事を埼玉県知事に申請

する事の議決を求めたものである。つまり1市3町の合併は4自治体が法的には廃止されて新しい久喜市が誕生するもの。即ち1市3町の対等合併である。

4自治体の議会で合併議案が否決になることは考えられなかったが、それでも久喜市議会において合併議案が議決になった時には安堵し感激した。

また新久喜市の議会議員定数についてもこの市議会で34人と決定した。「平成の合併」においての新市誕生を機に、相当数の市町議員が引退する事が予想された。議員が個人の要望を捨てて地域の発展のために引退・協力して頂いた。勇退した議員には感謝しかない。

• 1市3町の合併によって特別職である市町長、副市町長、教育長は各々の役職が4人から1人になる。市議議会議員定数については1市3町の合計議員数60名が合併後何人になるかは市町民の関心事であったが、決定した34人の議員定数は多くの市町住民が納得し得る定数ではなかったか。全国的には合併後一定の期間、それまでの議員が選挙を経ずに新自治体の議員となるケースさえあった中で、1市3町議員の決断は見事であった。後世に語り継がれるべき見事さであったと筆者は考える。「市町村合併」が無ければ、まだ議員を続けたいとの意欲的な議員がいたであろうし、地域の課題解決のためもう少し議員活動を続けたいとの議員もいたであろう。しかし地域の振興、久喜市や埼玉県の大いなる発展を願い、自分の事よりも合併を優先しての1市3町の議員辞職であった。心からの感謝と敬意を表したい。

平成21（2009）年7月22日　埼玉県知事あてに1市3町の廃置分合申請書を提出
平成21（2009）年10月15日　埼玉県議会において1市3町の廃置分合案が賛成多数で可決
平成21（2009）年10月19日　埼玉県知事が1市3町の廃置分合を決定、法務大臣に届出
平成21（2009）年11月10日　1市3町の廃置分合について官報告示・総務省告示第516号

総務大臣による廃置分合（合併）の官報告示により、法的に必要なすべての手続きが完了したのは平成21（2009）年11月10日であった。この事実をもって「新久喜市」が誕生する事が正式に確定した。早速、新久喜市が正式に決定した事を住民等に周知するための懸垂幕及び横断幕を作成し、久喜市役所、菖蒲・栗橋・鷲宮の3町役場及び駅

周辺等の計15か所に設置した。また新久喜市誕生後の行政サービスや行政体制等について、広く住民に周知するため「新久喜市暮らしのガイドブック」を合併協議会が発行し、全市に全戸配布した。平成22（2010）年2月1日発行　6万5000部

・平成22（2010）年3月　1市3町において閉庁記念式典を開催

4自治体の閉庁記念式典が各々の自治体で開催された。

久喜市閉市記念式典は3月14日に久喜総合文化会館において埼玉県知事、衆議院議員、地元県議会議員、近隣の行政関係者、及び表彰受賞者等729人が出席して開催された。式典では市長式辞、市議会議長挨拶、市政発展に寄与された功労者に対して表彰状が授与された。来賓の挨拶後、久喜市閉市記念記録「ふるさと久喜市の更なる発展を目指して」の上映、久喜市合唱連盟による久喜市民歌斉唱が行われ、最後に久喜地区消防組合職員による市旗降納が行われた。式典のオープニング・アトラクションとして、久喜東中学校吹奏学部生徒による演奏が行われた。

菖蒲町閉町記念式典は3月7日菖蒲町生涯学習センターにおいて297人参加して開催された。

栗橋町閉町記念式典は3月14日栗橋町総合文化会館（イリス）において350人が

参加して開催された。

鷲宮町閉町記念式典は3月7日鷲宮町西コミュニティセンター（おおとり）において327人が参加して開催された。

・閉庁式は記念式典とは別に4自治体において開催された

久喜市の閉庁式は平成22年3月19日に久喜市役所玄関前にて久喜市長、久喜市議会議長、副市長、教育長、及び市職員が出席して開催された。式では久喜市長、久喜市議会議長の挨拶後、市旗降納が行われ昭和46年の市制施行以来38年間続いた久喜市の歴史に幕が閉じられた。

同様な閉庁式が菖蒲町は平成22年3月19日、栗橋町は平成22年3月19日、鷲宮町は平成22年3月19日に開催された。

・事務室の移転作業は平成22年3月19日の閉庁後から3月23日の新市の開庁に間に合わせるため、昼夜を徹して行われ、無事新市の開庁式が開催された。

・平成22年3月23日、新久喜市発足、開庁式開催

人口15万7324人、行政面積82・41㎢の久喜市が誕生した。

旧久喜市：人口7万2629人・面積25・35㎢、旧菖蒲町：人口2万1243人・面積27・37㎢、旧栗橋町：人口2万7751人・面積15・78㎢、旧鷲宮町：人口3万5701人・面積13・90㎢

新久喜市役所開庁式は午前8時から久喜市役所正面玄関前にて中山登司男久喜市長職務執行者をはじめ、田中暄二旧久喜市長、斎藤和夫旧栗橋町長、本多健治旧鷲宮町長、地元県議会議員、旧1市3町の教育長、旧1市3町議会議員、新久喜市職員、久喜市民など約300人が参加して開催された。早春とはいえまだ幾分寒さを感じる陽気であったが、テープカットをする4人の首長は爽やかな笑顔であった。筆者はこの日に至るまでの様々な事が脳裏に浮かび、喜びいっぱいの感激の場面であった。旧市町議長等に依るくす玉開きが行われ新久喜市の誕生を祝った。また旧3町役場の本庁舎を新久喜市の3総合支所と位置づけた事から、各総合支所正面玄関前にてそれぞれの開庁式を実施した。

•平成22年3月23日　久喜市長公室において田中暄二旧久喜市長、中山登司男旧菖蒲町長、斎藤和夫旧栗橋町長、本多健治旧鷲宮町長が出席し、旧久喜市、旧菖蒲町、旧栗

橋町、旧栗橋・鷲宮衛生組合及び旧栗橋町他五ケ市町水防事務組合の事務が中山久喜市長職務執行者に引き継がれた。

・平成22年度の暫定予算については地方自治法施行令第2条の規定に基づき、平成22年4月1日から7月31日までの4か月間として、義務的経費を中心に必要経費を計上した。

・新久喜市の初代市長を決定する久喜市長選挙は平成22年4月18日に告示され、旧久喜市長であった田中暄二（筆者）が無投票で当選を果たした。また新久喜市議会議員一般選挙は平成22年4月18日に告示され45人が立候補し、4月25日に投開票行われた結果34人が当選した。大変な激戦の市議会議員選挙であった。人口15万人超の自治体の市議会議員は若い人にも魅力ある役職であろうか。予想以上の久喜市議会議員選挙の立候補者数であった。

合併協議会長を務めた筆者が無投票にて初代新久喜市長の栄に浴したが、全国的には初の新市長を選任するにあたり新市を二分する激しい選挙戦を繰り広げた結果、その後の新市の運営に影響を及ぼす選挙の例を見聞きしていた事から、筆者は初の新久喜市長選挙は是非無投票にて執行される事を願っていた。

念願が叶った結果であったが、今にしても無投票当選については全ての方々に感謝したい。

・新久喜市の初市議会である平成22年第1回臨時会が平成22年5月11日に召集され、田中暄二久喜市長、34人の久喜市議会議員が出席して開催された。会期は5月18日～5月20日までの3日間で、中山市長職務執行者が専決処分を行った議案等23件の市長提出議案、3件の議員提出議案が上程され、いずれも承認、同意、又は原案通り可決された。また初議会では議長、副議長、常任委員会委員等の選任が行われた。

・新久喜市の初の定例市議会「平成22年6月定例会」は平成22年6月3日～7月9日の間37日間開催され、久喜市一般会計予算、人事案件等が上程され、いずれも承認、同意、又は原案の通り可決された。一般会計予算の総額は437億5百万円、特別会計の8会計合計予算は278億5525万円となった。新久喜市の予算規模は旧久喜市の2倍強、旧3町については各々が合併前の100億円以下の規模と比較して桁違いの予算規模となり、審議にあたった新久喜市議会議員の多くが新久喜市の予算規模に、合併した事を改めて実感したという。

・新久喜市の市章は新久喜市のスローガンである「豊かな未来を創造する個性輝く文化田園都市」に相応しいデザインを公募したところ、市内外から２０４６の作品の応募があった。この作品の中から市において専門家の意見を伺い、優秀な5作品に絞り込み市民アンケートを実施した結果、新久喜市の市章を決定した。

市章を決めるにあたっては市民からの公募では無く、専門家に作ってもらった方が良い、とする意見があったが、私は公募をすることによって合併した久喜市について、多くの久喜市民が関心を持つことにより一体的な久喜市民の意識が醸成されるものと考え、作品の公募、市民アンケート、専門家による審査を実施したうえで市章を決定した。

・久喜市合併記念式典前夜祭を平成22年11月6日に開催した。主催は久喜市役所では無く、久喜市合併記念事業前夜祭実行委員会を組織し主催して頂いた。新久喜市が誕生した事を前夜祭事業を通じて広く市民に理解して頂き、久喜市民としての一体感を早く醸成すべきと私は考えていたからである。だから前夜祭の主催者は久喜市ではなく、実行委員会であり市民そのものであった。前夜祭への参加団体は

久喜地区：久喜市祭典委員会、上清久祭典委員会

菖蒲地区：菖蒲夏祭り実行委員会、菖蒲神輿

栗橋地区：八坂神社祭典委員会及び阪東神輿会
鷲宮地区：上町地区及び旭町地区の団体

以上の各団体が参加し、江戸時代中期から続く伝統ある山車行事や神輿の運行、お囃子が市民に披露された。旧1市3町の長い歴史と伝統を誇る山車11台、神輿3基、お囃子2団体が一同に会し、会場である久喜駅前西口周辺に集まった多くの市民とともに新久喜市誕生を祝った。

・合併記念式典は平成22年11月7日　久喜総合文化会館において総務大臣代理者、埼玉県知事、衆参国会議員、県議会議員、市議会議員、周辺の行政関係者、合併功労者、市民等約700人が参加して開催された。1市3町の4人の旧市町長には総務大臣から合併功労者表彰が行われた。また中山旧菖蒲町長、斎藤旧栗橋町長、本多旧鷲宮町長は新久喜市誕生に多大な貢献があった事から、久喜市議会の同意を踏まえ久喜市名誉市民の称号が授与された。更に合併協議会、新市まちづくり懇話会に携われた方々に久喜市長から感謝状が贈呈された。合併協議会、新市まちづくり懇話会の方々の立派な新市を作ろうとの熱心な取組は、時に不安な気持ちに陥った合併協議会長であった筆者の心の支えであった。

最後に久喜市誕生記念映像「みんなで創ろう久喜新時代」が上映された。記念式典の第2部では市内4地区の郷土芸能等が披露された。小塚囃子（菖蒲）、除堀の獅子舞（久喜）、阪東太鼓（栗橋）、鷲宮催馬楽神楽（鷲宮）が各々の地域住民よって見事に演奏・演舞された。

記念式典に参加した全員が改めて4地域のそれぞれの歴史と伝統に思いを馳せ、新久喜市の大いなる発展に期待したのであった。

2　久喜市発行の『新「久喜市」誕生の軌跡』からの主な資料

合併協議会は平成20年5月7日の第1回から13回開催され、平成22年1月25日の最終回まで70の重要項目を協議決定した。この間約1年8か月を要した。筆者は合併協議会長として常に緊張と忍耐の連続であった。新市の名称、新市の事務所の位置、合併の方式、合併の期日、議会議員の定数及び任期の取り扱いの調整基本方針、新市基本計画作成方針、町名字名の取り扱い、地方税の取り扱い、一部事務組合の取り扱い、都市計画事業、人権推進事業、情報公開・住民参加システムの取り扱い、水道事業、電算システムの取り扱い等々であった。中には甲論乙駁の論議になり首長の意見の一致が見られず止む無く議案を棚上げにし、後日合併協議会長（筆者）が反対する首長宅を早朝に訪問して理解を求めた案件もあった。1市3町には各々に自治体としての長い伝統があり、直ぐには了解するわけにはいかなかった首長の苦悩を筆者は垣間見る思いであった。

4市町の事務担当職員等による事業の調整項目数は1600項目を超えた。市町村合併は実に手間暇がかかるという事を職員も実感した。簡単に調整がつく項目は一つもなかった。緊張が続く中での長時間の協議、疲労の蓄積、期限が迫る中での更なる協議。市町村合併には今後2度と関わりたくない、と言った職員が居たと聞いた。もっともこの思いは筆者自身が同様に感じた事でもあった。

・専門部会による事務事業の一元化

事務事業の一元化や合併に関する必要な事項を専門的に協議、調整するため1市3町に職員を構成員とする7つの専門部会を設置した。更に専門部会は詳細・実務的に協議・調整するための分科会を各部会に設置した。

「平成の合併」においての1市3町の行政的な事務事業の一元化については相当苦労した。覚悟はしていたがその調整は苦労の連続であった。1市3町の関係者の中で「合併」を経験した者は一人も居なく、しかも「昭和の合併」の関係資料は思った程残って

・新市の概要

新「久喜市」は、関東平野のほぼ中央、埼玉県東北部に位置し、都心まで50km圏にあり、東は幸手市及び茨城県五霞町、南は蓮田市、白岡町、宮代町及び杉戸町、西は鴻巣市及び桶川市、北は加須市及び茨城県古河市に隣接する、東西に約15km、南北に約13km、面積82.4㎢の都市である。

地勢は、台地や自然堤防などの微高地と後背湿地などの低地からなるほぼ平坦地であり、利根川、中川、青毛堀川、備前堀川、野通川及び元荒川などが流れている。

内陸性の太平洋側気候に属し、夏は高温多湿、冬は低温乾燥で、平成22年の年間平均気温は約15℃、降水量は約1,300㎜である。

南北方向に久喜インターチェンジを擁す東北縦貫自動車道（以下「東北道」という。）、国道4号及び国道122号が縦断し、東西方向に建設中の白岡菖蒲インターチェンジを擁す首都圏中央連絡自動車道（以下「圏央道」という。）及び国道125号が横断しており、東北道と圏央道を結ぶ久喜白岡ジャンクションの建設も進められている。

また、鉄道については、南北方向にJR宇都宮線の他、東京メトロ半蔵門線が乗り入れている東武伊勢崎線及び東武日光線が縦断しており、市域内に3路線あわせて7つの駅を擁している。
今後、豊かな自然環境と調和を図りながら、交通の利便性を生かした更なる発展が期待されている。

（久喜市『新「久喜市誕生の奇跡」』（平成23年3月））

久喜市・菖蒲町・栗橋町・鷲宮町合併協議会組織体系図

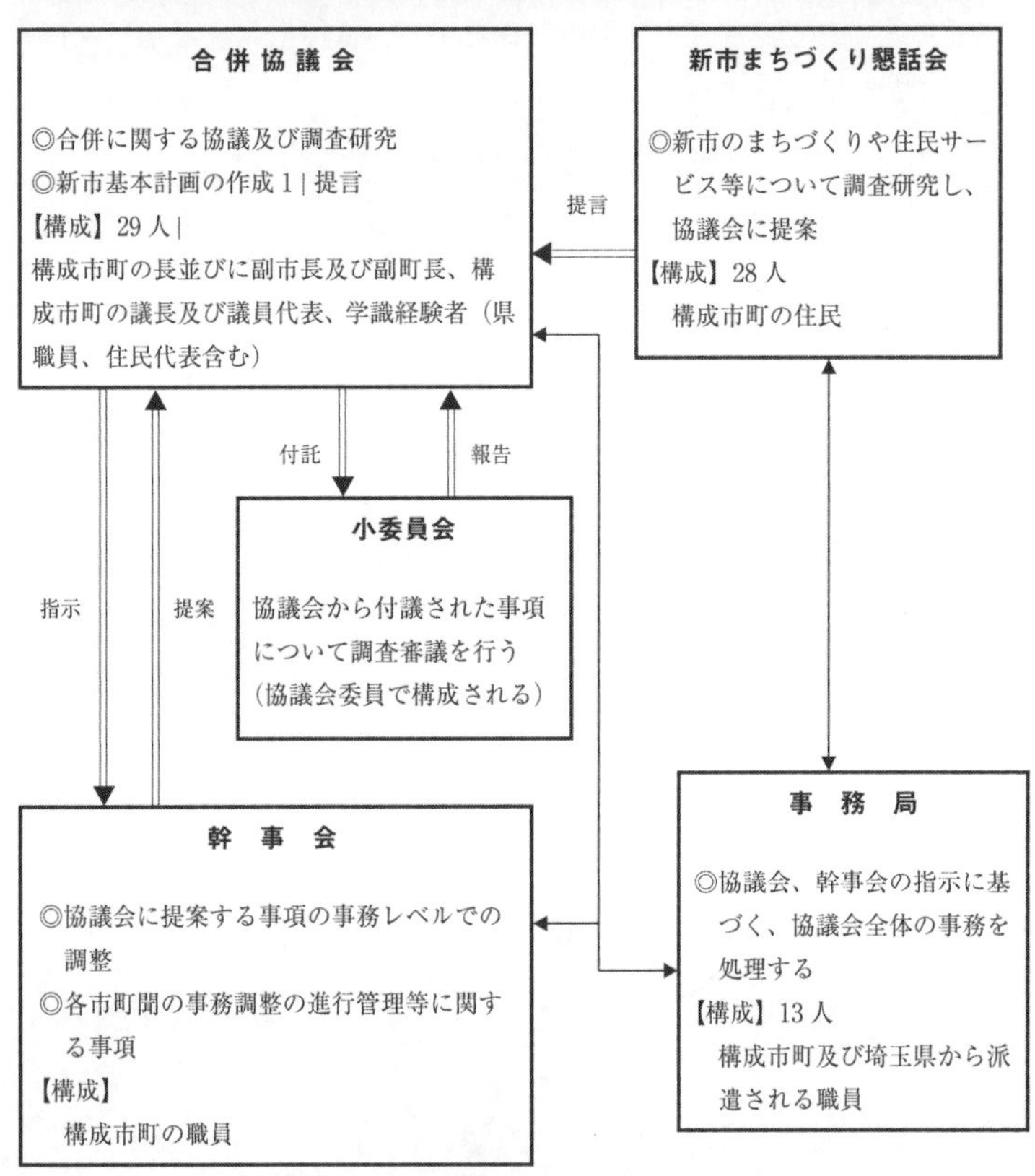

（久喜市『新「久喜市誕生の奇跡」』（平成23年3月））

いなくて、手探りの状況の中で事務事業の一元化を進めていったのである。筆者は久喜市・菖蒲町・栗橋町・鷲宮町合併協議会長として1市3町が合併した結果として、行政サービスの低下は絶対あってはいけない、合併して良かったと住民に感謝して頂けるような事務事業の一元化を為さねばならない、と繰り返し担当職員に対して檄をとばした。

1市3町の各々の行政サービスはその自治体の長い歴史や、地域の伝統に起因して現在の自治体サービスに繋がったものであるが、現在の行政サービスの観点から言えば3町の行政サービスの中には無用、過剰と思われる行政サービスがあった。あるいは無駄とは言わないものの行政サービスとしてここまでやるべきか、といった新久喜市の行政サービスとしては課題とすべき事業もあった。人口が7万人を超えていた合併前の久喜市から見て、人口が半分にも満たない町行政とは行政サービスの考え方が随分と相違があることを実感する事が合併協議の中であった。市町村自治体の行政サービスの特徴は国や県と違い、常に直接行政サービスを受ける住民が職員の目前に居ることである。従って市町村の仕事は住民の毎日の生活に直結している業務を担っているから、事業に対する市民の反応が直ぐに職員に伝わる。国、県の職員とは違い、市町村職員には仕事を遂行する上での喜び・感激がここにある。特に子育て支援策や高齢者福祉サービスの分野では市民への行政サービスにおいて旧久喜市と3町とでは大きな差異があった。

子育て支援策について旧久喜市は第三者機関（東洋経済新報社）の評価で全国19位、埼玉県では第1位との評価を頂いていたが、合併にあたり3町の事務事業の多くを久喜市の行政サービスのレベルに合わせたのである。つまり3町の住民にとり事業によっては、一気に全国レベルの行政サービスの受給者になったのである。しかし3町の住民が直接的にそれらの行政サービスの受給者でない場合には、そのようなレベルアップした行政サービスの状況を知らないから、合併しても状況は何も変わらないではないか、合併したら自宅前の未舗装道が直ぐに舗装化されると思っていたら、そうでは無かった、に類するような行政批判が合併後まもなく苦情として新久喜市長（筆者）の耳にも聞こえて来るのであった。市民は自身が関係する事務事業が期待通りに進まないと合併は失敗だったとする。筆者は改めて市町村合併の難しさを知ったのである。

1市3町の事業の一元化については綿密に協議を重ねて行政サービスのレベルアップを図った。そのための組織であった。

それにしても分科会や専門部会の職員たちの事務調整は大変だった。私は調整会議に時々ぶらりと顔を出して苦労続きの職員たちを励ました。職員たちは徹底して頑張ってくれた。私はあと数十年後に久喜市を揺るがすような大事変が生じた時には、今日の職員の皆さんの苦労や経験は貴重なものとして後輩の職員たちに語り継がれ、数十年後の久喜市の職員に必ずや大いに尊敬・感謝されるであろう。皆さんは久喜市の歴史を作っているのだから、と言って励ました。

実はそう言いながら筆者は自分自身を鼓舞していたのである。

3　結び――新久喜市誕生から10年余を経た今

平成22（2010）年4月26日が新久喜市長として筆者の初登庁であった。本庁舎玄関前には新たに誕生した久喜市議会議員、合併を機に勇退した旧久喜市・旧菖蒲町・旧栗橋町・旧鷲宮町の議員の方々、熱心に取り組んで頂いた合併協議会、まちづくり懇話会の委員の方々、久喜市内外の関係団体や久喜市職員、そして新市の発展を心から期待してやまない多くの久喜市民の皆さんが既に筆者を迎えてくれていた。若い人の顔もあった。多くの女性の皆さんのお顔も見えた。筆者が本庁舎玄関に近づくと大きな拍手が沸き上がり、私は大きな喜びとともに胸が熱くなる感動を覚えた。「平成の合併」さえなかったら3人の前町長は、まだまだそれぞれの町の行政責任者として敏腕を奮っていたはずなのに、新市誕生後の市長選挙には無用な争いは新市にとって適当ではない、との3町長の考えから筆者は無投票にて久喜市長に当選・就任する事ができたのである。

その3人が笑顔で拍手で新市長の筆者を迎えてくれていた。感謝、感激であった。3人の町長の見識、有難さに対して、筆者は新久喜市長として必ずや仕事で3人にはお返しする、と心に誓ったのであった。新市長として初めての挨拶をしながら、当時の畑和埼玉県知事に対して埼玉県議会本会議場で議員であった筆者は、埼玉県における市町村合併の必要性についての一般質問をした事を思い出し、1市3町の合併を期限内に成就させる事ができたことについての爽やかな、ちょっぴり誇らしげな気持ちであった。

同じ久喜市本庁舎玄関前で1か月余り前の3月19日には旧・久喜市閉庁式が行なわれ、3月23日には新久喜市開庁式が実施された。午前8時からの開庁式は4人の首長（久喜市長・菖蒲町長・栗橋町長・鷲宮町長）で協議し、中山登司男菖蒲町長に新久喜市の暫定的な職務執行者をお願いした事から、開庁式は中山久喜市長職務執行者のもとに行われた。私は3人の町長には「お陰様で新久喜市が誕生する事ができました。今日までいろいろありましたが本当にありがとうございました」とお礼を申し上げた。4人の首長は各々が自治体の長として、責任者として長い各々の自治体の歴史を背負い合併協議に臨み、合併後も発展できる可能性を自らの自治体に必ず確保する、との立場で協議に臨んだ事から、時には甲論乙駁、首長同志の激しいやり取りもあった。その中で4人の首長たちは後世代の住民のために何としても立派な新市を作ろう、との大きな目標を共有する事ができたし、それがあってこそ新久喜市を誕生させる事ができたのである。その事について筆者は3人の首長に心からのお礼を申しあげたのであった。

筆者は感激の新久喜市初登庁から2期8年間久喜市長を務めさせて頂いた。無我夢中で取り組んだ久喜市長としての8年間であった。行政面積が旧久喜市25㎢から新久喜市82㎢へと拡大し、人口が7万3千人から15万7千人へと、県内11番目の大きな人口を擁する自治体に変わった事を実感しながらの公務であり、ひたすら旧1市3町の公平・平等・公正な発展に取り組んだ日々であった。それは緊張と喜びと我慢の連続であった。

筆者は合併前の旧久喜市長に平成9年9月に就任してから通算で約20年7か月（6期）の久喜市長職であった。この間畑和、土屋義彦、上田清司と3人の埼玉県知事にご指導を頂きながら、久喜市及び埼玉県の発展のために全力で取り組み、中でも上田県政時代に埼玉県市長会長として4年余にわたり久喜市長とは別の立場でも、埼玉県政発展のため微力ながら尽力させて頂いた。このことは筆者にとって終生忘れえぬ貴重な思い出であると共に誇りでもある。

新久喜市長就任後は旧1市3町、言い換えれば新久喜市の4地区の住民の皆さんとはでき得る限りに筆者自身が直接地域に顔を出して、市民との直接対話を進めることに意を配した。全国どんな自治体でも必ず課題を抱えている。自治体は生き物である。住民が暮らしているうちに意識する、しないに拘わらず地域は、世の中は、少しずつ変革をしている。当然久喜市もそうである。市長はその小さな変革を市民の誰よりも早く、敏感に、正確に気付き、受け止めなければならない。そして、いち早くその変革に対応し、市民の安全安心な生活の確保、福祉の向上に努めなくてはならない。市長職の最大の責務である。自治体の方向性をしっかり見据えた中の重要課題とは、その自治体の地区・地域の重要課題でもある。地区・地域の集合体が自治体であるからである。従って地区・地域の課題解決のためには、行政の執行責任者である市長がその地区・地域について精通していることが絶対的条件である。このような考え方から筆者はでき得る限り地区・地域の会議や会合には直接自分が、たとえ短時間でも参加するように務めた。多くの団体や地区・地域の方々は私のこの方針・考え方を歓迎して頂き、それまで抱えていた様々な地域・地区の課題が解決に向け動き出し、新久喜市の将来に向けての手ごたえを新市長として感じたものである。行政のトップリーダーとして、課題解決のために職員の先頭に立つことの重要性を筆者は改めて知ったのである。

「合併して本当に良かったのか?」と友人から筆者は問われる事がある。
「もちろんだよ!」と筆者は答える。答えは迷うことなく「断定」である。

「平成の合併」が始まる頃、我が国は少子高齢社会時代を迎えており、住民はレベルアップした質の高い行政サービスを期待しているのに行政の統治構造は長い間、国─47都道府県─全国3232市町村体制であり、このような旧態依然の統治構造体制では住民の期待に行政は応えきれないのではないか。特に住民に最も近い存在である基礎的自治体が3232市町村体制では、これからますますレベルアップした行政サービスを期待する住民の声に、市町村は応える事はできないのではないか。時に行政よりも先行する住民運動がある中で、行政が住民の後に付いて歩いて行くようなレベルの行政であってはいけないのではないか。行政・自治体職員は常に住民の先頭に立ち、質の高い市民生活の確保のために、時に無我夢中になり仕事に取り組む必要があるのではないか。それが公務員にいつの時代にも住民から求められている事ではないか。世の中の変革に充分対応し得る敏感な行政組織でなければならないのではないか。

これらの課題を解決するためには、47都道府県──3232市町村体制を、抜本的に改革する必要があるのではないか。組織の改革はどんな時代であっても、どんな団体であっても、特に行政の世界にあっては組織の責任者の最大の責務ではないか。

これらの筆者の考えが「平成の合併」に必死で取り組んだ原点であった。

昭和30年前後のあの「昭和の合併」以来60年余りを経て、驚くほど大きく社会が改革したのに、全国の市町村体制、行政の組織が全くと言っていいほど変わらず、古い組織体制のままである事は、筆者には信じられない事であった。何とかして久喜市周辺の市町村体制やそのあり方についての問題点・課題等を住民に問いかけながら、統治構造の改革を成し遂げなければならない。誰がこの難題に勇気を持って取り組むことができるのか。当地域では自分しかいないではないか。ちょっと思い上がったような、自惚れにも似た筆者自身の現状認識から始まったのが、当地域における「平成の合併」であったが、逆に言うとそれだけ久喜市を中心とした当地域の現状のままでの将来性に、筆者は強い危機意識を持っていた。我が国の社会構造・統治構造の大改革を実現する事、即ち市町村合併に取り組むことが、将来の久喜市及び周辺の自治体の発展に必ずや繋がることである。そんな筆者の固い信念で始まったのが久喜市における「平成の合併」であった。

新久喜市誕生に至るまでの課程で実に様々な困難な事があった。我慢、嫉妬、涙、喜び、悲しみ、友情、励まし、苦しみ、落胆、復活、歓喜等々、筆舌に尽くし難い事案の連続であった。合併成就に至るまでの間の市民をはじめとした多くの皆様の励ましが、叱声が時に目前の難題に怯え逡巡する筆者に示唆を与え、勇気を与え、筆者の背中を押して頂いた。これらの目には見えない大きな力があったればこそ、多くの方々と共に英知を結集し、周辺の複数の自治体との合併によって新たな素晴らしい都市を創り上げる、との私の信念は些かも揺らぐことは無く、目標に向かって邁進する事ができたのである。

市町村合併は無理だ、もう諦めろ、お前の気持ちは良く理解したが合併は不可能だ、と言われることもあった。筆者を心配する余り、お前の気持ちは良く分かったが、市町村合併なんてできっこないことはやめろ、という事も言われた、が、諦めずに夢を追い続けた結果、周辺の自治体との市町村合併を達成できて、新久喜市を実現する事ができたのである。友情と励ましに心からの感謝を幾重にも申しあげる。

多くの困難な事象の存在とそれに敢然と立ち向かう自分自身の衰えぬ勇気があり、そして私への熱い励ましや優しい周辺の皆様の御支えが、市町村合併を何としても実現しなければならないとする筆者を動かす大きなモチベーション・原動力であった。多くの有難さに言葉が無い。ただただ、感謝のみである。

ご指導、お世話様になった全ての皆様に心からの感謝とお礼を、伏して幾重にも申し上げる。

ありがとうございました。

参考文献

1　総務省　報道資料　『平成の合併』についての公表　平成22年3月5日
2　久喜市『新久喜市誕生の軌跡』　平成23年3月
3　久喜市　広報くき　平成22年5月号
4　久喜市・菖蒲町・栗橋町鷲宮町合併協議会　『豊かな未来を創造する個性輝く文化田園都市を目指して』　平成21年3月
5　(財) 日本都市センター　『市町村合併に関する調査』　平成20年度
6　ウイキペディア　桜宮市
7　田中暄二　『我が国の望ましい地方分権のあり方についての考察』　平成国際大学法学研究科修士課程論文　令和2年度

田中暄二（たなか　けんじ）

1945（昭和 20）年久喜市に生まれる。埼玉県立浦和高校を経て、1969 年早稲田大学第一商学部卒。在学中は早稲田大学グリークラブ（男声合唱団）で活躍。我が国の高度成長期の中で大学紛争を経験する。
卒業後三菱石油に勤務。営業部社員として、バブル経済絶頂期の中東奔西走。
1973 年　明治 23 年創業の家業（米穀・燃料商）に従事する。
1886 年　久喜市議会議員（1 期）　1990 年　埼玉県議会議員（2 期）　1997 年　久喜市長（4 期）　2010 年新久喜市長（2 期）　2014 年　埼玉県市長会長、全国市長会理事　地方自治一筋 31 年。
2019 年　平成国際大学大学院修士課程に入学。学位取得し現在同大学大学院研究生。
現在、久喜市名誉市民、公益財団法人埼玉県市町村振興協会評議員、公益財団法人浦和高校同窓会奨学財団理事、早稲田大学校友会埼玉県支部副支部長等を務めている。

統治構造改革への提言
地方分権推進を求めて

令和六年三月三十日　第一刷発行

著　者　田中　暄二
発行人　荒岩　宏奨
発　行　展　転　社

〒101-0051 東京都千代田区神田神保町2-46-402
TEL　〇三（五三一四）九四七〇
FAX　〇三（五三一四）九四八〇
振替〇〇一四〇—六—七九九九二

印刷　中央精版印刷

定価［本体＋税］はカバーに表示してあります。

ISBN978-4-88656-575-4